W0175470

OSHO

Meditation
für Busy People

WIE MAN DEN STRESS BESIEGT,
AUCH WENN MAN KEINE ZEIT HAT

Aus dem Englischen übersetzt
von Renate Schilling

L·E·O Verlag ist ein Imprint der Scorpio Verlag GmbH & Co. KG, herausgegeben von Michael Görden

Titel der amerikanischen Originalausgabe: *Meditation for Busy People: Stress-Beating Strategies for People with No Time to Meditate.*

Die Texte in diesem Buch sind aus verschiedenen Vorträgen ausgewählt, die Osho gehalten hat. Alle seine Vorträge sind in englischer Sprache als Bücher erschienen – in vollständiger Fassung. Sie sind ebenso als Audio-Aufnahmen erhältlich. Diese Aufnahmen und die vollständigen Transskripte aller Vorträge finden Sie in der Online OSHO Bibliothek auf www.osho.com

© der deutschen Ausgabe 2015: L·E·O Verlag in der Scorpio Verlag GmbH & Co.KG, München
Umschlaggestaltung: Torge Niemann, WRAGE
Umschlag Illustration: CoraMax, shutterstock.com
Satz: BuchHaus Robert Gigler, München
Druck und Bindung: GGP Media GmbH, Pößneck
ISBN 978-3-95736-035-9
Alle Rechte vorbehalten.

Mehr über unsere Bücher
www.leoverlag.de

Inhalt

Vorwort

Von John Andrews

Sie halten hier ein wunderbares kleines Buch in der Hand. Es enthält viele einfache Techniken, die Sie darin unterstützen können, sich zu entspannen und dabei in einen Raum einzutauchen, der als »Meditation« bezeichnet wird. Gleichzeitig beantwortet es auch all die komplizierten Fragen, wie Meditation funktioniert, was dabei eigentlich passiert und wie Meditation in unserem vielbeschäftigten Leben von Nutzen sein kann.

Ich wurde gebeten, dieses Buch in den Kontext der neuesten medizinischen und neurowissenschaftlichen Forschung einzuordnen. Denn die aktuellen Forschungsergebnisse sind überaus relevant für unseren Alltag, wie sich auch am zunehmenden Interesse der Medien erkennen lässt. Wir sind inzwischen an einem Punkt angekommen, an dem die Frage nicht mehr lautet: »Weshalb Meditation?«, sondern: »Weshalb keine Meditation?«

Wenn Sie bereits wissen, wie wertvoll es sein kann, Augenblicke der Bewusstheit in den Alltag einzubauen, ist dies das richtige Buch für Sie.

Falls Sie sich noch fragen, ob das ganze Gerede über Meditation einfach nur eine neue Modeerscheinung ist, ein kurzfristiger neuer Hype, wie eine neue Mode-Diät, nur eben fürs Gehirn – dann finden Sie hier reichlich Informationen, die Ihnen helfen können, diese Frage zu beantworten.

Vor zehn Jahren wurden pro Jahr etwa 50 wissenschaftliche Arbeiten zum Thema Meditation publiziert, heute sind es rund 500. Allerdings ist das Thema Meditation ein bisschen komplexer als die üblichen wissenschaftlichen Fragestellungen.

Wenn in unserer Umgebung ein Objekt auftaucht, das in etwa unserer eigenen Größe entspricht, können wir ziemlich genau abschätzen, wie schnell es sich bewegt und wann es an einem bestimmten Punkt ankommen wird. Wenn Geräusche einer hörbaren Frequenz in unserer Umgebung auftreten, hören wir sie. Wenn Farben innerhalb des sichtbaren Spektrums auftreten, sehen wir sie. Doch wir wissen auch, dass es vieles gibt, was wir nicht wahrnehmen können. Manche Dinge liegen einfach jenseits unserer Wahrnehmungsmöglichkeiten.

Wer hätte früher einmal gedacht, dass sich die Sonne nicht um die Erde dreht? Oder dass wir uns mit unglaublicher Geschwindigkeit durchs All bewegen und nicht etwa ruhig im Zentrum des Universums verweilen? Oder dass die Erde, auf der wir stehen, nicht flach ist? Es bedurfte einer Kombination aus unvoreingenommener Beobachtung und objektiven Daten, um diese Fehleinschätzungen zu erkennen.

Ein ähnliches Problem taucht auf, wenn wir uns sehr heiß und verschwitzt fühlen, oder sehr kalt und fröstelig, und uns fragen, ob wir vielleicht Fieber haben. Das ist nicht immer einfach zu entscheiden. Hier kommt die Wissenschaft ins Spiel, denn mit einem Thermometer lässt sich die Frage eindeutig klären. Doch wenn das Thermometer 100 Grad Celsius anzeigt, werden Sie nicht gleich aus dem Fenster springen oder den Notarzt rufen – eher suchen Sie nach Ihrer Brille oder kaufen sich ein neues Thermometer. Auch in diesem Fall braucht es einen unvoreingenommenen Beobachter und objektive Daten.

Jetzt fragen Sie sich vielleicht, was all das mit Meditation zu tun hat.

Nun, nehmen wir an, das Objekt Ihrer Beobachtung sind Sie selbst. Warum sollten Sie sich selbst beobachten wollen? Nun, das Bewusstsein ist eine sehr spannende Sache und eine Beobachtung durchaus wert.

Vielleicht stellen Sie dabei fest – wie die neuere Forschung bestätigt hat –, dass Sie etwa die Hälfte der Zeit tagsüber nicht wirklich in Ihrem eigenen Leben anwesend sind, sondern sich mit irgendwelchen Tagträumen beschäftigen. Vielleicht entdecken Sie darüber hinaus – was von der Wissenschaft ebenfalls bestätigt wird –, dass Sie sich sehr viel besser fühlen, wenn Sie im Hier und Jetzt anwesend sind, statt sich in irgendwelchen Fantasien zu verlieren, und seien sie noch so verlockend.

Stellen Sie sich vor, Sie würden zum Arzt gehen und erfahren, dass Sie unter einer Krankheit leiden, die Ihre Lebensspanne um die Hälfte verkürzt. Das wäre doch ein ziemlicher Schock, oder nicht? Genau das passiert aber durch Tagträume. Und außerdem haben diese auch noch einen negativen Einfluss auf Ihre innere Verfassung. Wenn Sie also nicht gern unglücklich sind, sollten Sie sich lieber überlegen, was Sie dagegen tun können. Schließlich ist die Gegenwart sehr viel entspannender, als sich von Gedanken oder Gefühlen in alte Dramen hineinziehen zu lassen.

Vielleicht haben Sie auch längst bemerkt, dass die meisten Dinge besser laufen, wenn Sie wirklich da sind. Zumindest sollten Sie sich in einigermaßen Ihrer Schritte bewusst sein, wenn Sie nicht ständig Ihre Zehen an irgendwelchen Möbelstücken anstoßen wollen.

Es ist schwierig genug, sich ständig der eigenen Füße bewusst zu sein. Können Sie dabei gleichzeitig auch noch Ihre Gedanken und Gefühle beobachten? Genau darum geht es bei dieser herausfordernden Sache, die sich Meditation nennt.

Diese Wissenschaft der Selbstbeobachtung ist ziemlich verzwickt. Wenn das Subjekt der wissenschaftlichen Untersuchung der Beobachter selbst ist, wie lässt sich dann entscheiden, wer hier wen beobachtet? Wer ist dieser Beobachter? Und wer bin ich? So wie es wichtig ist, den Zustand des Thermometers zu kennen, bevor man sich darauf verlässt, so ist es auch wichtig, erst einmal den Zustand des Beobachters zu kennen.

Ich möchte hier nichts vorwegnehmen – lesen Sie das Buch. Es ist eine faszinierende Reise. Ich möchte dazu nur Folgendes sagen: Wenn unser höchst komplexes Nervensystem überhaupt nichts davon mitbekommt, dass wir mit zigtausend Kilometern pro Stunde durchs Weltall rasen, und uns stattdessen meldet, dass wir auf einer unbewegten Erde stehen, dann sollten wir uns besser davor hüten, voreilige Schlüsse zu ziehen und überheblich auf scheinbar offensichtlichen »Wahrheiten« zu beharren.

Worum es hier geht, ist der menschliche Verstand, und wir alle sind dabei mit demselben Dilemma konfrontiert. Weil wir alle überzeugt davon sind, dass wir der Verstand *sind* und dass er unser höchstes Attribut ist, gehen wir ganz selbstverständlich davon aus, dass wir unseren Verstand einsetzen müssen, um den menschlichen Verstand zu untersuchen. Die meisten Wissenschaftler arbeiten nach diesem Prinzip, ohne sich jemals bewusst zu machen, dass das eigentlich ziemlich unwissenschaftlich ist.

Schließlich setzen Wissenschaftler nicht umsonst Doppelblindstudien ein, um den Nutzen neuer Medikamente zu testen. Die Wissenschaft weiß im Grunde ganz genau, wie leicht wir uns alle täuschen lassen.

Doch wenn es um den Verstand geht, dann glauben dieselben Wissenschaftler, die Antwort bereits zu kennen – so wie ihre Vorgänger einfach »wussten«, dass sich die Sonne um die Erde dreht. Sie sind sich sicher, dass der Verstand den Verstand untersuchen kann. Doch wenn selbst die besten Wissenschaftler sich über die Wirkungen eines neuen Medikaments täuschen können, wie viel leichter können sie dann erst Täuschungen unterliegen, wenn der konditionierte Verstand den konditionierten Verstand untersuchen will!

Erst in letzter Zeit beginnt dieser alte Glaube an den Verstand zu bröckeln. Der wissenschaftliche Zweifel ist endlich auch in diese Sphäre vorgedrungen. Ein Zweifel, der von der Wissenschaft selbst ausgeht und grundlegend in Frage stellt, ob der Verstand jemals objektiv den Verstand untersuchen kann.

Mehr als zweitausend Jahre lang waren viele Menschen im Osten mindestens genauso interessiert daran, herauszufinden, wie wir ticken, wie die modernen westlichen Wissenschaftler. Sie verfügten noch nicht über die modernen Gerätschaften und konnten sich nur auf ihre eigenen Beobachtungen von Körper und Geist verlassen. Daraus entwickelte sich etwas, was wir als »Wissenschaft des Inneren« bezeichnen könnten. So wie die Wissenschaft der äußeren Welt auf Beobachtung und Experiment beruht, beruht die Wissenschaft der inneren Welt auf Beobachtung und Erfahrung.

Und das ist Oshos Beitrag zur menschlichen Entwicklung: eine Synthese aus Ost und West, ein Ansatz, der die beiden Vorgehensweisen verbindet und sie zu einer einzigen vollständigen Wissenschaft vereint. Oshos Ansatz ist ein offenes System, das allein auf Beobachtung beruht. *Was* beobachtet wird, ist dabei nicht von entscheidender Bedeutung. Was ist, ist, und die Beobachtung dessen, was ist – das ist der entscheidende Schlüssel. Alles, was der Beobachter wahrnimmt, wird in das System integriert. Nichts wird ausgeschlossen.

Das Wunderbare an dieser Wissenschaft ist, dass

jeder zum Wissenschaftler in seinem eigenen Labor wird, in dem er sich selbst erforscht. Es braucht keine Dogmen und Überzeugungen. Keine Akte des Glaubens. Nur die einfache wissenschaftliche Vorgehensweise, bei der man eine Hypothese erstellt und sie dann an sich selbst testet. Wenn es nicht funktioniert, kein Problem – ab in den Papierkorb damit! Wenn es funktioniert, ist man einen Schritt weiter. Kein Risiko damit verbunden.

Glücklicherweise ist das genau das, was heute endlich passiert. Neben den bereits erwähnten Forschungsergebnissen zu den positiven Wirkungen von Präsenz gibt es inzwischen viele weitere Studien, die den Wert von Meditation untersucht haben und zu interessanten Ergebnissen gekommen sind.

Beispielsweise ist bekannt, dass etwa zwei Drittel aller Arztbesuche auf stressbezogene Beschwerden zurückzuführen sind. Eine Studie an Ratten hat ergeben, dass sich ein bestimmter Teil des Gehirns vergrößert, wenn die Tiere Stress ausgesetzt sind. Derselbe Gehirnteil, so konnte festgestellt werden, ist auch bei gestressten Menschen vergrößert, während er bei Menschen, die meditieren, sehr viel kleiner ist. Darüber hinaus bemerkten die Forscher, dass normale Alterungserscheinungen bei Meditierenden weniger stark ausgeprägt sind. Meditation ist wirksamer und dabei billiger als jede Faltencreme!

Ein besonders faszinierendes Experiment wurde am Massachusetts Institute of Technology durchgeführt. Die Forscher luden Freiwillige zu einem achtwöchigen Meditationskurs ein. Die Bewerber wurden nach dem Zufallsprinzip in zwei Gruppen aufgeteilt. Eine Gruppe durfte den Kurs besuchen, die anderen kamen auf eine »Warteliste«. Nach Abschluss des Kurses wurden alle Versuchspersonen (auch die, die nicht teilgenommen hatten) einzeln zu einem Gespräch eingeladen. Beim Betreten des Wartezimmers waren zwei der drei verfügbaren Stühle besetzt (von den forschenden Wissenschaftlern, was aber den Probanden nicht bekannt war). Dann betrat ein dritter Wissenschaftler den Raum und spielte die Rolle eines Menschen, der Schmerzen hat und eindeutig Hilfe braucht. Die beiden sitzenden Wissenschaftler nahmen keine Notiz von ihm (weil sie testen wollten, wie die Versuchspersonen sich verhalten; dazu muss man wissen, dass wir Menschen uns sehr leicht von anderen beeinflussen lassen, und wenn andere nichts machen, dann machen wir in der Regel auch nichts). Die Ergebnisse waren beeindruckend: Während nur 21 Prozent derjenigen, die den Kurs nicht besucht hatten, aufstanden und zu Hilfe eilten, waren es bei den Teilnehmern des Meditationskurses beeindruckende 50 Prozent. Das widerlegt die alte These, dass Meditation nur »ichbezogene

Nabelschau« sei und von tätiger Nächstenliebe abhalte. Das Gegenteil scheint der Fall zu sein.

Und wenn wir schon beim Thema »Ich« sind, so scheint die moderne Wissenschaft inzwischen noch eine weitere Facette uralten Wissens zu bestätigen, nämlich, dass das Ich eigentlich nur eine Geschichte ist, die wir uns selbst erzählen, damit wir bei Cocktailpartys etwas zu sagen haben. In Wahrheit sind wir ein Prozess; wir sind ein Fluss, kein begrenzter Teich.

Das ist ziemlich aufregend, und es passt wunderbar zusammen mit der jüngsten Erkenntnis, dass das Gehirn ein überaus plastisches Organ ist – ein Organ voller Zellen, die bereit sind, jederzeit einen neuen Job zu übernehmen, ohne eine dauerhafte und festgelegte Funktion.

Auch das bestätigt, dass wir kein begrenzter Teich sind, eigentlich nicht einmal ein »Fluss«, sondern mehr ein »Prozess des Fließens«, je nachdem, was gerade passiert. Die Konsequenzen dieser Erkenntnis sind erstaunlich. Es bedeutet, dass wir uns selbst auf unserem Weg durch unser Leben von Augenblick zu Augenblick neu erschaffen. Es liegt in unseren eigenen Händen. Damit haben wir plötzlich eine erschreckende Verantwortung, vor allem auch für all diejenigen Aspekte von uns, die wir gern auf unsere Eltern oder auf Gott schieben oder auf wen auch immer. Damit bekommt die alte Frage »Wer bin ich?« eine ganz neue Relevanz, denn wir müssen feststellen, dass es sehr wenig gibt, das festgelegt ist. Wer wir sind, hängt in erster Linie von uns selbst ab. So haben weitere Experimente zum Beispiel gezeigt, dass jemand, der drei Tage lang ein mürrisches Gesicht macht, anschließend ziemlich deprimiert ist. Im Grunde erschaffen wir uns also ständig selbst.

Wie wir alle wissen, werden wir in eine bestimmte Kultur mit einer bestimmten Nationalhymne, in eine bestimmte Religion und in bestimmte Überzeugungen, wie zum Beispiel die von der männlichen Überlegenheit, hineingeboren. Diese Überzeugungen werden uns während unseres Heranwachsens eingepflanzt und sind anschließend so tief im Unterbewusstsein verankert, dass wir sie überhaupt nicht mehr wahrnehmen. Ohne es zu realisieren, führt diese Konditionierung dazu, dass wir diese Überzeugungen übernehmen und uns mit ihnen identifizieren – so als wären sie unsere.

Offenbar ist das Gehirn wie ein komplexer biologischer Computer, der durch viele solcher Faktoren programmiert wurde, und das macht dann unseren »Verstand« aus. Die moderne Neurowissenschaft hat nachgewiesen, dass Neuronen, die zusammen »feuern«, automatisch miteinander verknüpft werden. Jedes Mal, wenn das Programm »Schwarze sind schlecht, Weiße sind gut« oder »Frauen sind Männern unterlegen« abgerufen wird, und sei es nur unbewusst, wird die Verknüpfung stärker und die entsprechende Überzeugung verfestigt sich noch mehr.

Dazu gibt es nun eine sehr spannende Beobachtung. Es gibt Menschen mit Zwangsstörungen, die sich zum Beispiel fünfzig Mal am Tag die Hände waschen, weil sie Angst haben, dass sich Bakterien ansammeln könnten. Auf einer gewissen Ebene wissen sie zwar, dass das unsinnig ist, aber irgendwie müssen sie es trotzdem tun. Die Gruppe von Zellen, die Angst vor Bakterien haben, und die Gruppe von Zellen, die dafür sorgen, dass der Mensch zum Waschbecken geht, werden dadurch immer stärker miteinander verknüpft. Im Grunde ist das aber nur die extreme Variante eines Verhaltens, das wir alle die meiste Zeit ebenfalls an den Tag legen. Ertönt die Nationalhymne, dann müssen sich manche Leute automatisch erheben. Klingen am Sonntag die Glocken, dann fühlen sich manche Menschen genötigt, zur Kirche zu gehen. Ob es nun der Kirchgang am Sonntag ist oder der Lottoschein am Samstag, die Zigarette nach dem Essen oder die Süßigkeit zwischendurch, oder ob wir nachts im Bett liegen und irgendwelche Gedanken wälzen, statt einzuschlafen – solche Automatismen beherrschen uns praktisch Tag und Nacht.

Inzwischen haben Wissenschaftler die faszinierende Entdeckung gemacht, dass sich diese Art von »Krankheit« durch Meditation heilen lässt. Nehmen wir zum Beispiel einen Raucher. Sobald eine gewisse Zeit seit der letzten Zigarette vergangen ist, sagt eine Gruppe von Neuronen: »Zeit für Nikotinnachschub.« Eine andere Gruppe bewirkt, dass der Mensch sofort in seinen Taschen nach den Zigaretten und dem Feuerzeug gräbt. Bevor er überhaupt realisiert hat, was passiert, ist er bereits am Rauchen. Nun entscheidet er sich vielleicht, mit dem Rauchen aufzuhören. Sobald die erregenden Neuronen zu feuern beginnen, befiehlt er sofort den hemmenden Neuronen in derselben Gruppe von Nervenzellen, die Erregung zu unterdrücken, so dass er keine Zigarette rauchen muss – oder Schokolade essen muss oder seine Mutter anrufen muss oder was auch immer.

Weil aber Zellen, die zusammen feuern, immer miteinander verknüpft sind, unabhängig davon, ob sie nun eine erregende oder eine hemmende Wirkung haben, wird die Verknüpfung auch durch diese neue Programmierung nur noch stärker. Das ist der Grund, warum es selten funktioniert, mit Willenskraft gegen solche Gewohnheiten anzukämpfen.

Nun gab es schon vor Jahrhunderten einen Lehrer namens Gautama Buddha, der erklärte, »nicht zugreifendes Bewusstsein« sei die Lösung für dieses Problem. Wenn sowohl das Wiederholen als auch das Bekämpfen einer Gewohnheit die daran beteiligten Neuronen nur noch stärker zusammenschweißt, dann dürfen wir weder das eine noch das andere tun. Nichts zu tun, weder dafür noch dagegen – genau das ist die Essenz von Meditation. Und genau das ist der Grund, warum Meditation bei Zwangsstörungen hilfreich ist. Wie auch bei allen anderen unbewusst ablaufenden Mustern, inklusive unserer Gewohnheit, so zu leben, als wären wir ein abgeschlossener, unveränderlicher Teich.

Der Prozess lässt sich genau beobachten und quantifizieren: Wenn eine dieser unbewussten Gewohnheiten wirklich bewusst wahrgenommen wird, dann verschwindet sie von selbst, komplett und zu 100 Prozent. Wenn sie nur zu 50 Prozent verschwindet, dann bedeutet das, dass sie auch nur zu 50 Prozent wahrgenommen wurde.

Kein Wunder also, dass die amerikanischen Medien derzeit voll sind mit Berichten über Meditation. Meist ist dabei die Rede von »Achtsamkeit« – eine andere Bezeichnung für »nicht zugreifendes Bewusstsein«, die auch Buddha schon verwendete. Und jedes Jahr fördert die Wissenschaft mehr Erkenntnisse zu Tage, auf welche Weise Meditation positiv wirksam werden kann.

Weil auch vielen Firmen inzwischen immer mehr klar wird, wie nützlich es ist, Mitarbeiter zu haben, die gesund, glücklich, kreativ und wirklich präsent sind, haben zahlreiche amerikanische Unternehmen das Thema Meditation aufgegriffen, insbesondere im Silicon Valley. Außerdem wird Meditation an Schulen eingesetzt, zur Rehabilitation traumatisierter Kriegsveteranen, bei Burnout – und so weiter und so fort. Prominente Persönlichkeiten, von Nelson Mandela und Steve Jobs bis hin zu Madonna, Sting und Tiger Woods, bekannten oder bekennen sich dazu – wichtige Multiplikatoren in unserer Promiversessenen Welt.

Es lohnt sich also eindeutig, es mal mit Meditation zu versuchen. Dann können Sie für sich selbst feststellen, ob all dieser Hype gerechtfertigt ist und ob das eine Technik ist, die auch für Sie funktioniert.

Der erste Schlüssel dabei ist, zu verstehen, dass es bei Meditation um Beobachtung geht – es geht darum, alles zu beobachten, was geschieht, im Inneren wie im Äußeren, was auch immer vor sich gehen mag. Zu Hause, bei der Arbeit, am Morgen, am Abend … Es gibt eigentlich immer etwas, was der innere Zeuge beobachten kann.

Der zweite Schlüssel dabei ist, dass der Körper immer hier und jetzt präsent ist, auch wenn der Kopf vielleicht gerade ganz woanders unterwegs ist.

Wenn Sie also mehr in Ihrem eigenen Leben präsent sein möchten, sollten Sie sich stärker an den Körper halten.

Ein dritter Punkt ist, dass die Menschen zu dem Zeitpunkt, als die alten Meditationsformen im Sitzen entwickelt wurden, ganz anders lebten als heute. Unser Gehirn ist plastisch – Sie können sich also vorstellen, dass das Gehirn höchstwahrscheinlich anders funktioniert hat, als die Menschen noch zwölf Stunden am Tag auf dem Feld arbeiteten, mit dem Sonnenuntergang zu Bett gingen, weil es noch kein künstliches Licht gab, und im ganzen Jahr höchstens einmal eine fremde Person ins Dorf kam. Der moderne, hyperaktive Verstand ist dagegen überfordert, wenn wir versuchen, uns zum Meditieren still hinzusetzen. Meditation in Bewegung ist also die Devise, denn es fällt uns anfangs leichter, eine beobachtende Haltung einzunehmen, während wir aktiv sind. Deshalb sind Oshos Aktive Meditationen sowie die sonstigen Vorschläge in diesem Buch so wertvoll. Wenn wir heute versuchen, still sitzend zu meditieren, dann tritt paradoxerweise erst einmal nur der wild rotierende Verstand in Erscheinung. Wenn wir dagegen einfach durch unseren hektischen Tag wirbeln und dabei den Beobachter einschalten, können wir bemerken, dass tief in uns ein stilles Zentrum ruht. Oder wir entdecken, dass unser wild rotierender Verstand einfach erst einmal etwas Dampf ablassen muss, bevor wir uns entspannen und ruhig werden können.

Gehen Sie das Thema Meditation also mit Entschlossenheit an, aber ohne allzu viel heiligen Ernst. Bleiben Sie spielerisch. Suchen Sie sich für den Anfang die Techniken aus, die Ihnen Spaß machen, dann wird sich der Weg unter Ihren Füßen von selbst entfalten. Dieses Buch bietet Ihnen eine große Auswahl an verschiedenen Wegen, sich selbst zu entdecken – oder zumindest zu entdecken, wer Sie nicht sind – wo auch immer Sie gerade stehen.

John Andrews ist Autor, Wissenschaftler und Meditierender. Er war Oshos persönlicher Arzt und hat ihn über viele Jahre bis zu seinem Tod medizinisch begleitet. Vor diesem Hintergrund hat er mit Freude das allmählich erwachende Interesse der Wissenschaft am Thema Meditation bis hin zur derzeitigen Flut an Forschungen verfolgt. Heute schreibt er als Autor über den letzten Schritt der Reise, die von einfachen Techniken zur Stressreduktion bis hin zu Oshos Meditationen führt.

TEIL I

Stress und seine Wurzeln

Spannung hat nichts mit irgendetwas außerhalb von dir zu tun, Spannung hat etwas mit dem zu tun, was in dir selbst geschieht. Du wirst immer irgendeinen äußeren Grund finden, um deine Spannung zu erklären, weil es einfach idiotisch wirken würde, ohne Grund angespannt zu sein. Doch die Spannung entsteht nicht durch etwas außerhalb von dir; sie ist in deiner falschen Lebensweise begründet.

Das Innere erleuchten

Weisheit ist keine Ansammlung von Fakten, Zahlen und Informationen – Weisheit entsteht durch Transformation.

Wir leben außerhalb von uns selbst, daher bleibt unsere innere Welt dunkel. Wenn wir uns nach innen wenden, wenn unsere Aufmerksamkeit sich nach innen zu richten beginnt, dann entsteht dort Licht. Wir haben alles, was es braucht, um dort Licht entstehen zu lassen; es braucht einfach nur eine Neuordnung.

Es ist, als hätte jemand dein Zimmer in Unordnung gebracht – die Möbel stehen auf dem Kopf, die Lampe liegt auf dem Boden. Alles ist da, aber nichts ist an seinem Platz. Es ist schwierig, in so einem Raum zu leben. Zuerst musst du die Dinge wieder an ihren richtigen Platz stellen.

So ist es auch mit dem Menschen: Wir haben alles, was es braucht, die Existenz hat uns mit allem ausgestattet. Wir haben alles, um unser Leben optimal zu leben, doch wir leben es suboptimal, aus dem einfachen Grund, weil wir die Dinge nie an ihren richtigen Platz stellen. Beispielsweise ist unsere Aufmerksamkeit nach außen gerichtet; deshalb können wir alles erkennen außer uns selbst – und das ist eigentlich das Wichtigste, was wir sehen sollten. Es ist in Ordnung, die anderen zu sehen, doch zuerst musst du dich selbst sehen, zuerst musst du du selbst sein. Von dieser Warte aus, von diesem zentrierten Zustand aus kannst du die anderen anschauen, und das wird dir eine vollkommen andere Qualität vermitteln.

Die Aufmerksamkeit muss also nach innen gewendet werden. Genau darum geht es bei der Selbstentdeckung – ein Schwenk unserer Aufmerksamkeit, unserer Bewusstheit um 180 Grad. Denn wo immer wir unsere Aufmerksamkeit hinrichten, wird der Raum hell. Ich bin nicht gegen die äußere Welt, doch zuerst muss man sich um die innere Welt kümmern; die äußere Welt kommt erst an zweiter Stelle. Nur ein Mensch, der sich um seine innere Welt kümmern kann, ist auch in der Lage, sich um die äußere Welt zu kümmern.

Weisheit bedeutet, sich selbst zu erkennen, und sich selbst zu erkennen ist der Anfang allen anderen Wissens. Dann kann sich der Kreis deines inneren Lichts immer weiter ausdehnen, es kann immer mehr und mehr umfassen. Und es kommt ein Moment, in dem deine Weisheit alles versteht, in dem sie alles umfasst. Wenn man spürt, dass nichts mehr fehlt, dass nichts mehr außen vor ist, dann ist man nach Hause gekommen. Dann tritt eine große Entspannung ein, Ruhe, Erfüllung, tiefe Zufriedenheit; eine große Stille, die aber gleichzeitig voller Lieder ist.

Die Pathologie des Ehrgeizes

Alle Kulturen und alle Religionen konditionieren euch zu einem negativen Gefühl euch selbst gegenüber. Niemand wird dafür geliebt oder geschätzt, einfach nur er oder sie selbst zu sein. Ihr müsst im-

mer erst euren Wert beweisen: Gewinne eine Gold-
medaille, sei erfolgreich, verdiene Geld, verschaff
dir Macht, Prestige, Ansehen. Beweise dich! Du hast
nicht einfach von dir aus einen eigenen Wert – so
hat man es euch gelehrt. Ihr müsst euren Wert erst
beweisen.

Dadurch entsteht ein tiefer Widerstreit in jedem
Menschen, ein tiefes Gefühl von: »Ich bin wertlos,
wie ich bin – außer ich beweise das Gegenteil.«
Doch nur wenige Menschen können in dieser Wett-
bewerbsgesellschaft erfolgreich sein. Millionen von
Menschen stehen im Wettbewerb miteinander – wie
viele können da erfolgreich sein? Wie viele Menschen können Präsident oder Premierminister werden? In einem Land mit Millionen von Menschen
kann nur einer Präsident werden, doch tief im In-
nern sehnt sich jeder nach dieser Position. Millionen
fühlen sich unwürdig. Wie viele Menschen können
große Künstler werden? Und doch ist jeder Mensch
kreativ. Wie viele Menschen können große Dichter
und Schriftsteller werden, so wie Shakespeare, Mil-
ton, Shelley oder Rabindranath Tagore? Doch jeder
Mensch hat eine poetische Ader in seinem Innersten;
jeder Mensch hat der Welt Poesie zu schenken. Aber
wenn daraus ein Ehrgeiz wird, dann wird dieser Ehrgeiz alles Poetische zerstören.

Eure Vorstellung von Erfolg quält euch. Die

Vorstellung von Erfolg, die Vorstellung, dass man Erfolg haben muss, ist die größte Katastrophe, die der Menschheit je passiert ist. Denn Erfolg bedeutet, dass man sich mit anderen messen muss, dass man kämpfen muss – ob mit fairen oder unfairen Methoden, spielt keine Rolle. Sobald man Erfolg hat, ist alles in Ordnung. Erfolg ist der Schlüssel; selbst wenn man mit unfairen Methoden gewonnen hat, ist das, was man getan hat, in Ordnung, sobald man erfolgreich ist.

Erfolg verändert die Qualität all deiner Handlungen. Erfolg verwandelt üble Methoden in gute. Die einzige Frage ist nur noch: Wie kann ich Erfolg haben? Wie kann ich die Spitze erreichen? Aber natürlich können nur wenige Menschen die Spitze erreichen. Wenn jeder versuchen würde, den Gipfel des Mount Everest zu erreichen, wie viele Menschen könnten dann gleichzeitig dort oben stehen? Am Gipfel gibt es nicht viel Platz; nur ein einzelner Mensch kann mit Leichtigkeit dort stehen. Die Millionen anderen, die sich ebenfalls angestrengt haben, werden sich als Versager fühlen, und Verzweiflung wird sich ihrer Seele bemächtigen. Sie werden sich deprimiert fühlen.

Das ist eine vollkommen falsche Erziehung. Sie ist komplett vergiftet, diese sogenannte Erziehung, die man euch hat angedeihen lassen. Eure Schulen und Hochschulen vergiften euch. Sie erzeugen Elend in euch; sie sind Orte, an denen die Hölle erschaffen wird – doch auf so geschickte Art und Weise, dass euch überhaupt nicht bewusst wird, was hier vor sich geht. Die Welt ist aufgrund dieser falschen Erziehung für alle zur Hölle geworden. Jede Erziehung, die auf Ehrgeiz basiert, erzeugt die Hölle auf Erden – und genau das ist passiert.

Jeder fühlt sich minderwertig und leidet. Das ist eigentlich eine vollkommen absurde Situation. Niemand ist unterlegen und niemand ist überlegen, weil jeder Mensch vollkommen einzigartig ist – es ist eigentlich überhaupt nicht möglich, miteinander zu konkurrieren. Du bist einfach du und kannst gar niemand anderer sein. Und es gibt auch keinen Grund dafür. Du brauchst nicht berühmt zu werden, du brauchst nicht in den Augen der Welt erfolgreich zu werden. Das sind alles nur törichte Vorstellungen.

Alles, was es braucht, ist, dass du kreativ, liebevoll, bewusst und meditativ bist. Wenn du Poesie in dir aufsteigen fühlst, dann schreib sie auf für dich selbst, für deinen Mann oder deine Frau, für deine Kinder, für deine Freunde – und dann vergiss das alles wieder! Singe dein Lied, und wenn niemand dir zuhört, dann singe es für dich allein und genieße es. Geh damit zu den Bäumen; sie werden es schätzen und dir applaudieren. Oder sprich zu den Vögeln und den Tieren, denn sie werden dich sehr viel besser verstehen als die Menschen, die über Jahrhunderte hinweg mit falschen Vorstellungen über das Leben vergiftet wurden.

Ein ehrgeiziger Mensch ist krank. Er hegt negative Gefühle sich selbst gegenüber – weil dafür gesorgt wurde, dass es so ist. Eure Eltern haben euch das angetan – das ist euer Erbe. Eure Lehrer haben es euch angetan, auch eure religiösen Lehrer. Eure politischen Führer haben es euch angetan – und so viele Menschen tun es euch an, dass ihr ganz selbstverständlich die Vorstellung akzeptiert habt, dass ihr wertlos seid, dass ihr keinen eigenen Wert habt, keine Bedeutung aus euch selbst heraus.

Alle Eltern sagen zu ihren Kindern: »Beweise, dass du etwas wert bist!« Sein, einfaches Sein ist nicht genug – man muss etwas tun, man muss sich beweisen.

Mein Ansatz dagegen ist, dass das einfache Sein bereits wertvoll ist. Dass es dich gibt, ist solch ein Geschenk der Existenz – was könnte man mehr erwarten? Dass du in dieser wunderbaren Welt lebst und atmest, ist Beweis genug, dass die Existenz dich liebt, dass sie dich braucht; andernfalls wärst du nicht hier. Du bist! Die Existenz hat dir das Leben geschenkt. Sie muss dich gebraucht haben, du hast eine Lücke gefüllt. Ohne dich wäre die Existenz weniger, als sie ist. Und wenn ich das zu euch sage, sage ich es nicht nur zu euch. Ich sage es auch zu den Bäumen, zu den Vögeln, zu den Tieren, zu den Kieseln am Strand. Wäre nur ein einziger Kiesel weniger am Strand, wäre der Strand nicht mehr derselbe. Würde nur eine einzige Blume fehlen, würde das Universum sie vermissen.

Du musst lernen, dass du wertvoll bist, so wie du bist. Und ich lehre euch damit keinen Egoismus – ganz im Gegenteil. Wenn du das Gefühl hast, dass du wertvoll bist, so wie du bist, dann wirst du auch erkennen, dass andere wertvoll sind, so wie sie sind.

Akzeptiere die Menschen, wie sie sind; lass alles »Sollte« und »Müsste« los – das sind die Feinde. Die Menschen schleppen so viele »Sollte« mit sich herum: »Tu dies und tu das!« Ihr tragt so viele Sollte und Müsste mit euch herum, dass ihr nicht mehr tanzen könnt; die Last ist zu schwer. Man hat euch so viele Ideale und Ziele gegeben – Vorstellungen von Perfektion –, dass ihr immer das Gefühl habt, nicht gut genug zu sein. Und diese Ideale sind unmöglich zu erreichen. Ihr könnt sie gar nicht erreichen; es gibt keine Möglichkeit, sie zu erreichen. Also werdet ihr immer das Gefühl haben, nicht gut genug zu sein.

Wer ein Perfektionist ist, ist reif für die Couch des Psychiaters; wer ein Perfektionist ist, ist neurotisch. Und man hat uns allen gesagt, wir sollten perfekt sein.

Doch das Leben ist wunderbar mit all seinen Unvollkommenheiten. Nichts ist perfekt. Lasst mich euch sagen: Selbst Gott ist nicht perfekt – denn wenn Gott perfekt wäre, hätte Friedrich Nietzsche Recht: Gott wäre tot. Perfektion bedeutet Tod! Perfektion bedeutet, dass es keine Möglichkeit für weiteres Wachstum gibt. Perfektion bedeutet, dass jetzt alles vollendet ist. Unvollkommenheit bedeutet, dass es noch Möglichkeiten für Wachstum gibt. Unvollkommenheit bedeutet Aufregung, Abenteuer, neue Weidegründe, Ekstase. Unvollkommenheit bedeutet, dass du am Leben bist, dass das Leben immer weitergeht.

Das Leben ist ewig, daher sage ich, dass das Leben ewig unvollkommen ist. Es ist nichts falsch daran, unvollkommen zu sein. Nimm deine Unvollkommenheit an, und du wirst aufhören, dich selbst schlecht zu machen. Akzeptiere deinen aktuellen Zustand und vergleiche ihn nicht mit irgendeiner zukünftigen Vollkommenheit, einem zukünftigen Ideal. Mach dir keine Vorstellung davon, wie du sein solltest. Das ist die Wurzel allen Übels – mach dich also frei davon. Du bist so, wie du heute eben bist, und morgen bist du vielleicht schon wieder ganz anders. Aber das kannst du heute noch nicht

vorhersagen, und es gibt auch keine Notwendigkeit
dafür.

Lebe diesen Tag in all seiner Schönheit, in all seiner Freude, in all seinem Schmerz, in all seiner Ekstase. Lebe ihn total – in seiner Dunkelheit, in seinem
Licht. Lebe den Hass und lebe die Liebe. Lebe den
Zorn und lebe das Mitgefühl. Lebe, was immer in
jedem einzelnen Augenblick auftaucht.

Mein Ansatz ist nicht Perfektion, sondern Totalität. Lebe den Moment, der dir zur Verfügung steht,
vollständig und total, und der nächste Moment wird
daraus entstehen. Wenn der jetzige Augenblick total gelebt wird, wird der nächste Augenblick noch
mehr Totalität erreichen, einen noch höheren Gipfel – denn woher wird der nächste Augenblick wohl
entstehen? Er entsteht aus diesem Moment heraus.
Vergiss also die Zukunft – die Gegenwart ist genug.

Jesus sagt: »Sorgt euch nicht um morgen. Seht
die Lilien auf dem Felde, wie schön sie sind. Selbst
Salomon in all seiner Pracht war nicht gekleidet wie
sie.« Und was ist das Geheimnis der Lilien? Das Geheimnis ist ganz einfach: Sie denken nicht an morgen, sie wissen nichts von der Zukunft. Für sie existiert kein morgen. Dieser Tag ist sich selbst genug;
dieser Augenblick ist sich selbst genug. Wenn du das
erkennst, wird sich dein Gefühl von Negativität dir
selbst gegenüber von allein auflösen.

Denk daran, wenn du negative Gefühle dir selbst gegenüber hegst, wirst du automatisch auch negative Gefühle anderen gegenüber hegen. Das ist eine notwendige Folge. Man muss das genau verstehen. Ein Mensch, der negative Gefühle sich selbst gegenüber hegt, kann keine positiven Gefühle für irgendjemand anderen hegen, denn er wird die Fehler, die er in sich selbst findet, auch in anderen finden – tatsächlich wird er sie in anderen sogar noch in stärkerem Maße finden. Er wird sich rächen.

Deine Eltern haben dafür gesorgt, dass du keine positiven Gefühle dir selbst gegenüber hast, und du wirst dich an deinen Kindern dafür rächen; du wirst dafür sorgen, dass sie sich noch schlechter fühlen als du.

Daher nimmt die Negativität mit jeder Generation zu. Jede Generation wird noch pathologischer als die vorangegangene. Dass die modernen Menschen psychisch so sehr leiden, hat nichts mit ihnen selbst zu tun; es zeigt einfach nur, dass die Vergangenheit falsch war. Denn die gesamte Vergangenheit summiert sich immer mehr. Wenn wir diese ganze pathologische Vergangenheit nicht loslassen und neu anfangen, indem wir in der Gegenwart leben, ohne Vorstellungen von Perfektion, ohne Ideale, ohne Sollte und Müsste, ohne Gebote, ist die Menschheit dem Untergang geweiht.

Jeder fühlt sich negativ. Der eine sagt es, ein anderer vielleicht nicht. Doch wenn man sich selbst gegenüber negative Gefühle hegt, wird man auch allen anderen gegenüber negative Gefühle hegen. Die gesamte Einstellung wird negativ, wird zu einem »Nein«. Wenn ein negativer Mensch einen Rosenstrauch sieht, wird er die Dornen zählen, statt die Blüten zu sehen – weil er einfach nicht anders kann. Er ist unfähig, die Blüten zu sehen. Er wird die Rosen einfach ignorieren und die Dornen zählen.

Wenn du dich negativ fühlst, wird das ganze Leben zu einer dunklen Nacht. Es gibt keinen Sonnenaufgang mehr, es gibt keinen Morgen mehr. Die Sonne geht immer nur unter und niemals auf. Und deine dunklen Nächte werden nicht einmal von Sternen erhellt. Gar nicht daran zu denken – du hast ja nicht einmal einen Kerzenstumpen.

Ein negativer Mensch lebt in Finsternis, lebt eine Art Tod. Er stirbt einen langsamen Tod. Und dabei denkt er, das sei das Leben. Er vergiftet sich selbst auf vielerlei Art und Weise; er ist selbstzerstörerisch. Und wenn andere in Kontakt mit ihm kommen, vergiftet er diese ebenfalls. Eine negative Mutter vergiftet ihr Kind. Ein negativer Mann vergiftet seine Frau, eine negative Frau vergiftet ihren Mann. Negative Eltern vergiften ihre Kinder; negative Lehrer vergiften ihre Schüler.

Es braucht eine neue Menschheit, die das Leben bejaht, die das Leben liebt, die diese Existenz liebt, wie sie ist, die nicht verlangt, dass das Leben perfekt sein soll, die das Leben mit all seinen Begrenzungen feiert. Und wenn du das Leben liebst, wirst du überrascht feststellen, dass das Leben seine Tore für dich öffnet. Wenn du liebst, werden sich dir viele Geheimnisse enthüllen, werden sich dir alle Mysterien erschließen. Wenn du deinen Körper liebst, wirst du dir früher oder später der Seele bewusst werden, die in ihm wohnt. Wenn du die Bäume und die Berge und die Flüsse liebst, wirst du früher oder später die unsichtbaren Hände der Existenz hinter allem wahrnehmen können, denn alles trägt ihre Handschrift. Du brauchst nur Augen, um zu sehen – und nur positiv gestimmte Augen können sehen; negativ gestimmte Augen können nicht sehen.

Nimm dich selbst an, denn sonst wirst du zum Heuchler. Was ist ein Heuchler? Ein Heuchler ist jemand, der eine bestimmte Sache sagt oder glaubt und genau das Gegenteil davon tut. Unterdrücke nichts – nichts ist negativ in dir. Die Existenz ist vollständig positiv. Drücke deinen innersten Kern aus. Singe dein Lied und mache dir keine Sorgen darüber, wie es klingt. Erwarte nicht, dass dir jemand applaudiert, denn das ist gar nicht nötig. Das Singen sollte bereits seine eigene Belohnung in sich tragen.

Wenn du wirklich leben möchtest, brauchst du ein tiefes Ja in deinem Herzen. Es ist nur das Ja, das dir zu leben erlaubt. Es nährt dich, es gibt dir Raum, dich zu bewegen. Probier es einfach mal aus und beobachte es: Wenn du einfach nur das Wort Ja für dich wiederholst, beginnt sich etwas in dir zu öffnen. Sag Nein, und etwas wird sich in dir zusammenziehen. Sage ständig Nein, wiederhole immer nur Nein, und du tötest dich damit selbst. Sag Ja, und du wirst das Gefühl haben, dass du überfließt. Sag Ja, und du bist bereit zu lieben, zu leben, zu sein.

Für mich ist jeder Mensch großartig, einzigartig. Ich vergleiche die einzelnen Menschen nicht miteinander, das Vergleichen ist nicht mein Weg, denn Vergleichen ist immer hässlich und brutal. Ich werde dir nicht sagen, dass du besser bist als irgendein anderer Mensch, und ich werde dir nicht sagen, dass du schlechter bist als irgendein anderer. Du bist einfach nur du selbst, und du wirst gebraucht, so wie du bist. Du bist unvergleichlich – wie jeder Mensch.

TEIL II

Die Verbindung von Körper und Geist

Warum wirken die meisten Menschen so müde? Weil sie ständig am Kämpfen sind. Eure Religion lehrt euch zu kämpfen, und eure ganze Erziehung basiert auf Konflikt, weil das Ego nur durch Konflikte entsteht. Wenn du dich entspannst, verschwindet das Ego. Sich zu entspannen bedeutet, egolos zu werden. Wenn du mit dem Fluss mitschwimmst, kann kein Ego entstehen. Das Ego ist ein unnatürliches Phänomen; es braucht viel Energie, es aufzubauen und zu erhalten. Es ist ein teurer Luxus, ein Ego zu besitzen. Euer ganzes Leben verschwendet ihr damit.

Bewusstheit und Entspannung: Zwei Seiten derselben Medaille

Warum seid ihr ständig angespannt? Eure Identi-fikation mit allen möglichen Gedanken und Ängs-ten – sei es vor dem Tod, vor einem Bankrott, vor einer Abwertung des Dollars – das verursacht eure Anspannung, und diese wirkt sich auf den gesam-ten Körper aus. Der Körper wird dadurch ebenfalls angespannt, weil Körper und Geist keine voneinan-der getrennten Einheiten sind. Sie sind ein einziges System – »BodyMind« – wenn also der Geist ange-spannt ist, verspannt sich auch der Körper.

Bewusstheit und Entspannung sind zwei Seiten derselben Medaille. Man kann sie nicht trennen. Man kann mit Bewusstheit beginnen und wird dann irgendwann feststellen, dass man entspannt ist. Man kann mit Bewusstheit beginnen; dann führt die Be-wusstheit irgendwann weg vom Verstand und von der Identifikation mit den Gedanken. Der Körper entspannt sich dann natürlich ebenfalls. Du bist nicht mehr verhaftet, und im Licht der Bewusstheit kön-nen Spannungen nicht bestehen bleiben.

Man kann auch vom anderen Ende her beginnen. Entspanne dich einfach … Lass alle Anspannungen los … und während du dich entspannst, wirst du überrascht feststellen, dass eine gewisse Bewusstheit in dir wach wird. Doch es ist leichter, mit Bewusstheit anzufangen. Es ist schwieriger, mit Entspannung anzufangen, weil allein schon der Versuch, sich zu entspannen, eine gewisse Spannung erzeugt.

Es gibt ein amerikanisches Buch mit dem Titel *»You Must Relax«* (*»Du musst dich entspannen«*). Doch wenn es dabei ein Muss gibt, wie kann man sich dann entspannen? Das Muss führt dazu, dass man sich anspannst; allein schon das Wort »müssen« führt automatisch zu einer Anspannung. »Du musst« kommt wie ein Gebot Gottes daher. Wahrscheinlich wusste der Mensch, der dieses Buch geschrieben hat, überhaupt nichts über Entspannung und die Komplexität, die damit verbunden ist.

Deshalb haben wir im Osten nie Entspannung als Ausgangspunkt für Meditation verwendet; wir haben immer mit Bewusstheit begonnen. Dann kommt die Entspannung von allein, man muss sie nicht machen. Wenn man sie auf direktem Wege zu erreichen versucht, bringt das eine gewisse Anspannung mit sich. Sie sollte von allein kommen, denn nur dann wird es sich um vollkommene Entspannung handeln. Und sie kommt.

Wenn du möchtest, kannst du auch versuchen, mit Entspannung zu beginnen, doch ohne irgendeine Vorstellung von »Müssen«. Es ist schwierig, mit Entspannung anzufangen, doch du kannst es ausprobieren, wenn du möchtest. Ich habe einen Vorschlag, wie du starten solltest. Ich habe mit vielen Menschen aus dem Westen gearbeitet, und dabei ist mir klar geworden, dass sie nicht wie die Menschen im Osten sind und dass sie die Bewusstseinsströmungen im Osten nicht kennen; sie kommen aus einer anderen Tradition, die sich nie mit Bewusstheit beschäftigt hat.

Deshalb habe ich speziell für die Menschen aus dem Westen Meditationen wie die Dynamische Meditation entwickelt. Wenn ich Meditationscamps leitete, habe ich immer eine Gibberish-Meditation und die Kundalini-Meditation verwendet. Wenn man mit Entspannung anfangen möchte, muss man mit diesen Meditationen beginnen. Denn sie sorgen dafür, dass der Verstand und der Körper alle Spannungen loslassen können, und danach ist Entspannung ganz einfach. Ihr wisst gar nicht, wie viel ihr zurückhaltet und dass das der Grund für eure Anspannung ist.

Ich habe Gibberish-Meditationen aber nur in Meditations-Camps irgendwo in den Bergen verwendet. Es ist schwierig, sie in der Stadt einzusetzen, weil die Nachbarn dabei verrückt werden. Sie rufen die Polizei und beklagen sich: »Das geht so nicht, das macht uns wahnsinnig!« Sie wissen nicht, dass sie nur mitmachen müssten, um den Wahnsinn loszuwerden, in dem sie leben. Doch sie sind sich ihres Wahnsinns überhaupt nicht bewusst.

Während der Gibberish-Meditationen durfte jeder laut sagen, was ihm gerade so in den Sinn kam. Es war ein Spaß, zuzuhören, was die Leute sagten – völlig belangloses, absurdes Zeug – weil ich der einzige Zeuge war. Alles war erlaubt, man durfte alles machen, was man wollte; die einzige Bedingung war, niemand anderen zu berühren. Die Leute machten alles Mögliche: Jemand machte Kopfstand, ein anderer zog sich komplett aus und rannte nackt umher – die ganze Stunde lang! Ein Mann setzte sich einmal jeden Tag direkt vor mich hin – er war wohl ein Aktienhändler oder so – und wenn die Meditation begann, grinste er schon mal bei dem Gedanken an das, was er gleich tun würde. Dann nahm er sein Telefon: »Hallo, hallo …« Dabei schaute er immer aus den Augenwinkeln zu mir herüber. Aber ich habe weggeschaut, um seine Meditation nicht zu stören. Er kaufte und verkaufte Aktienpakete – er verbrachte die gesamte Zeit am Telefon.

Alle machten die merkwürdigsten Dinge – alles, was sie sonst immer zurückgehalten hatten. Wenn die Meditation zu Ende war, gab es eine zehnminütige Entspannungspause, und in diesen zehn Minuten legten sich die Leute auf den Boden. Nicht aufgrund einer bewussten Entscheidung, sondern weil sie vollkommen erschöpft waren. All der Schrott war jetzt draußen, so dass sie eine gewisse innere

Reinheit verspürten und sich entspannten. Tausende von Leuten, die still am Boden lagen ... man hätte niemals vermutet, dass da tausend Leute liegen, so still war es.

Die Leute kamen dann immer zu mir und sagten: »Verlängere diese zehn Minuten, denn in unserem gesamten bisherigen Leben haben wir noch nie so viel Entspannung, so viel Freude erlebt. Wir dachten, wir würden nie verstehen, was Bewusstheit ist, aber in diesen Minuten können wir spüren, wie sie auftaucht.«

Wenn ihr also mit Entspannung beginnen wollt, müsst ihr zuerst durch einen kathartischen Prozess gehen. Zum Beispiel mit der Dynamischen Meditation, der Kundalini-Meditation oder mit Gibberish.

Kennt ihr eigentlich den Ursprung des Begriffs »Gibberish«? Er stammt von einem Sufi-Mystiker namens Jabbar – und das war seine einzige Meditationsform. Wenn jemand zu ihm kam, sagte er nur: »Setz dich hin und leg los.« Und die Leute wussten dann schon, was er meinte. Er redete nicht zu ihnen, er hielt keine Vorträge; er lehrte einfach nur Gibberish.

Ab und zu hielt er einen Vortrag in Gibberish zur Demonstration. Eine halbe Stunde lang redete er Kauderwelsch – allen möglichen Unsinn in einer erfundenen Sprache, einfach alles, was ihm gerade so einfiel. Das war das einzige, was er lehrte. Und zu allen, die es begriffen hatten, sagte er einfach nur: »Setz dich hin und leg los.«

Jabbar verhalf vielen Menschen zu vollständiger innerer Stille. Wie lange kann man schon unsinniges Kauderwelsch reden? Irgendwann ist der Verstand einfach leer. Ganz langsam taucht ein tiefes Nichts auf – und in diesem Nichts erscheint ein Funke von Bewusstheit. Dieser Funke ist immer vorhanden, umgeben von Gibberish. Dieses Gibberish muss man loswerden, denn das ist das Gift in euch.

Dasselbe gilt auch für den Körper. Euer Körper ist voller Verspannungen. Also fangt einfach an, euren Körper sich so bewegen zu lassen, wie er es möchte, ohne ihn zu manipulieren. Wenn er tanzen möchte, wenn er joggen möchte, wenn er rennen möchte, wenn er auf dem Boden herumrollen möchte, dann erlaube das einfach, ohne etwas zu machen. Sag deinem Körper: »Du bist frei. Tu, was immer du tun möchtest.« Und vielleicht wirst du überrascht feststellen: »Oh mein Gott! Mein Körper wollte die ganze Zeit all diese Dinge machen, aber ich habe ihn zurückgehalten. Daher kommen diese Verspannungen.«

Es gibt also zwei Arten von Spannungen: Verspannungen im Körper und Anspannungen im Verstand.

Beide muss man auflösen, bevor man sich in wirkliche Entspannung fallen lassen kann, die dann zu Bewusstheit führt.

Doch es ist viel einfacher, mit Bewusstheit anzufangen, vor allem für Menschen, die den Prozess der Bewusstheit verstanden haben. Und das ist ganz einfach. Den ganzen Tag über nutzt ihr eure Bewusstheit in Bezug auf viele Dinge: Autos, Verkehr – ihr überlebt sogar den Stadtverkehr! Es ist eigentlich vollkommen verrückt. Ihr nutzt Bewusstheit, ohne euch dessen bewusst zu sein, doch nur in Bezug auf äußere Dinge. Dieselbe Bewusstheit müsst ihr auch auf euer Inneres richten. Wenn ihr die Augen schließt, könnt ihr einen Strom von Gedanken, Gefühlen, Träumen, Vorstellungen und allen möglichen anderen Dingen beobachten. Tut genau das, was ihr in der äußeren Welt macht, auch in der inneren Welt, und ihr werdet zum Zeugen, zum Beobachter. Und wer die Freude des Beobachter-Seins erst einmal kennengelernt hat, wird immer mehr nach innen gehen wollen, um diese Freude zu erfahren, die einfach nicht von dieser Welt ist. Wann immer du Zeit dafür findest, wirst du darin eintauchen wollen.

Es braucht dafür keine bestimmte Körperhaltung, es braucht keine Kirche oder Synagoge. Wenn du gerade nichts zu tun hast, wenn du zum Beispiel im Bus sitzt oder im Zug, schließe einfach die Augen.

Das verhindert, dass deine Augen müde werden vom Nach-außen-Schauen, und es gibt dir Zeit, nach innen zu schauen. Diese Momente können Zeiten der wunderbarsten Erfahrungen werden.

Und ganz langsam und allmählich, mit zunehmender Bewusstheit, wird sich deine gesamte Persönlichkeit verändern. Von Unbewusstheit zu Bewusstheit, das ist der größte Quantensprung.

Lerne, in allen Situationen bewusst zu bleiben. Mach einfach einen Sport daraus, jede Situation zu nutzen, um mehr Bewusstheit zu entwickeln.

Streng dich nicht an

Man braucht mehr Energie, um sich elend zu fühlen, als um sich glücklich zu fühlen. Glückseligkeit ist ein natürlicher Zustand – tatsächlich braucht es überhaupt keine Energie, um glücklich zu sein, weil es der natürliche Zustand ist. Man braucht Energie, um sich elend zu fühlen, weil es unnatürlich ist. Je natürlicher du bist, desto weniger Energie ist nötig; je unnatürlicher du dich verhalten möchtest, desto mehr Energie ist dafür notwendig.

Wenn du auf den Füßen stehst, brauchst du dafür nicht viel Energie; aber versuch mal, auf dem Kopf zu stehen – dafür braucht es mehr Energie. Wenn du also wahrnimmst, dass für irgendetwas viel Energie nötig ist, kannst du sicher sein, dass du gerade versuchst, etwas Unnatürliches zu tun. Meditation erfordert keine Energie, weil Meditation passiv ist, inaktiv, still. Du tust nichts – wozu solltest du Energie benötigen?

Ärger braucht Energie, Denken braucht Energie, Gewalt braucht Energie – weil du etwas gegen die Natur machst, weil du gegen die Natur ankämpfst. Es ist, als würdest du stromaufwärts schwimmen. Wenn du dich mit dem Fluss bewegst, dann braucht es keine Energie. Der Fluss nimmt dich mit. Doch wenn du versuchst, stromaufwärts zu schwimmen, wird dich das viel Energie kosten, weil du gegen den Strom ankämpfen musst.

Warum wirken die meisten Menschen so müde? Weil sie ständig am Kämpfen sind. Eure Religion lehrt euch zu kämpfen, und eure ganze Erziehung basiert auf Konflikt, weil das Ego nur durch Konflikte entsteht. Wenn du dich entspannst, verschwindet das Ego. Sich zu entspannen bedeutet, egolos zu werden. Wenn du mit dem Fluss mitschwimmst, kann kein Ego entstehen. Das Ego ist ein unnatürliches Phänomen; es braucht viel Energie, es aufzubauen und zu erhalten. Es ist ein teurer Luxus, ein Ego zu besitzen. Euer ganzes Leben verschwendet ihr damit.

Das erste, was ich euch sagen möchte, ist also, dass es für Bewusstheit keine Energie braucht. Es wird euch vielleicht überraschen, doch für Unbewusstheit braucht es viel mehr Energie. Für Meditation braucht es keine Energie, für Denken dagegen schon. Für Entspannung braucht es keine Energie. Aber Anspannung braucht Energie, Sorge braucht Energie.

Versteht mich also nicht falsch. Es geht nicht darum, dass ihr euch anstrengen sollt, bewusst zu sein. Wenn du dich anstrengst, erzeugst du Anspannung in dir – Anstrengung führt immer zu Anspannung. Wenn du versuchst, bewusst zu sein, kämpfst du gegen dich selbst. Doch es braucht keinen Kampf. Bewusstheit ist kein Produkt von Anstrengung; Bewusstheit ist der Duft des Loslassens. Bewusstheit ist eine Blüte, die aus dem Aufgeben erwächst, aus der Entspannung.

Sitze einfach nur schweigend in einem entspannten Zustand, ohne etwas zu tun, und Bewusstheit wird von selbst auftauchen. Du musst sie nicht herbeizerren. Sie wird einfach aus dem Nichts auf dich herabregnen. Setze dich einfach nur still hin, und sie wird aus deinen eigenen inneren Quellen hervorsprudeln.

Natürlich weiß ich, dass es sehr schwierig ist, einfach nur still zu sitzen; ständig tauchen irgendwelche Gedanken auf. Lass sie auftauchen! Kämpfe nicht mit deinen Gedanken, und du wirst keine Energie benötigen. Erlaube ihnen einfach zu kommen – was könntest du schon dagegen tun? Wolken kommen und gehen; lass die Gedanken kommen und lass sie gehen, wann immer sie weiterziehen möchten. Sei nicht auf der Hut vor ihnen und stell dir nicht vor, dass Gedanken kommen oder nicht kommen sollten – sei ohne Bewertung. Lass sie kommen und lass sie gehen. Lass dich vollkommen leer werden. Die Gedanken werden vorüberziehen, sie werden kommen und gehen, und langsam wirst du bemerken, dass du selbst von ihrem Kommen und Gehen nicht berührt wirst. Und wenn du von ihrem Kommen und Gehen unberührt bleibst, dann werden sie anfangen zu verschwinden, sie werden sich auflösen. Nicht aufgrund irgendeiner Anstrengung von deiner Seite, sondern aufgrund deiner kühlen, ruhigen Leere, deines entspannten Zustands.

Denke also nicht, dass es für Entspannung Energie braucht. Wie könnte es für Entspannung Energie brauchen? Entspannung bedeutet einfach, überhaupt nichts zu tun.

Still sitzen,
nichts tun.
Der Frühling kommt,
und das Gras wächst von allein.

Lass dieses Mantra in dich hineinsinken. Das ist die Essenz von Meditation. Still sitzen … nichts tun … der Frühling kommt … und das Gras wächst von allein. Alles geschieht einfach! Du musst überhaupt nichts tun.

Mach also nicht Bewusstheit zu deinem Ziel. Sonst hast du mich völlig falsch verstanden.

Triff keine Wahl

In dem Moment, in dem du eine Wahl triffst, bist du nicht mehr vollständig; etwas wurde abgelehnt und etwas wurde ausgewählt. Du hast dich für eine Seite entschieden; du bist für das eine und gegen das andere. Du bist nicht mehr ganz.

Du sagst vielleicht: »Ich entscheide mich jetzt für Meditation, und ich werde nicht mehr wütend.« Daraus kann nur Unglück entstehen. Daraus wird keine Meditation entstehen, sondern nur Unglück! Jetzt wirst du im Namen der Meditation unglücklich sein – man kann ja so viele schöne Namen für sein Unglück finden.

Die Wahl selbst ist bereits die Ursache für dein Unglück. Ohne irgendwelche Vorlieben zu sein ist Glückseligkeit. Schau es dir einfach an! Betrachte es so tief wie möglich und erkenne, dass das Wählen bereits das Unglück ist. Selbst wenn du Glückseligkeit wählst, entsteht daraus nur Unglück. Wähle überhaupt nicht und beobachte, was dann geschieht.

Es ist aber sehr schwierig, nichts zu wählen. Wir haben immer etwas gewählt; unser ganzes bisheriges Leben bestand aus einer Reihe von Entscheidungen. Man hat dir beigebracht: Wenn du nicht wählst, wer wird dann für dich wählen? Wenn du nicht entscheidest, wer wird dann für dich entscheiden? Wenn du nicht kämpfst, wer wird dann für dich kämpfen? Wir haben dabei eine sehr törichte Annahme vertreten: dass das Leben gegen uns ist, dass wir kämpfen müssen, dass wir uns ständig vor dem Leben schützen müssen.

Das Leben ist nicht gegen dich. Du bist einfach nur eine Welle in diesem Ozean – du bist nicht getrennt vom Leben. Wie könnte also das Leben gegen dich sein? Du bist ein Teil davon. Das Leben hat dich hervorgebracht – wie könnte eine Mutter gegen ihr Kind sein?

Dieses Universum ist unsere Heimat; wir gehören zu ihm, es gehört zu uns. Es gibt also keinen Grund, sich Sorgen zu machen, und keinen Grund, für eigene Zwecke und Ziele zu kämpfen. Wir können uns ins Dasein hineinentspannen – in die Sonne, in den Wind, in den Regen. Wir können uns darin entspannen. Die Sonne ist ein Teil von uns, so wie wir ein Teil der Sonne sind; und die Bäume sind ein

Teil von uns, so wie wir ein Teil der Bäume sind. Erkenne einfach, dass alles in der gesamten Existenz miteinander verwoben ist; es ist ein unglaublich komplexes Netzwerk, und alles darin ist mit allem anderen verbunden. Nichts ist getrennt. Wozu also etwas wählen? Lebe einfach das, was du bist, in deiner Gesamtheit.

Das Problem entsteht dadurch, dass du polare Gegensätze in dir trägst und der logische Verstand dann fragt: »Wie kann ich denn beides gleichzeitig sein?« Jemand hat mich einmal gefragt: »Immer wenn ich verliebt bin, stört das meine Meditation. Und wenn ich meditiere, verliere ich mein Interesse an der Liebe. Was soll ich also tun? Was soll ich wählen?«

Die Vorstellung von Wahl taucht auf, weil es Polaritäten gibt. Ja, es ist wahr: Wenn du dich verliebst, neigst du dazu, das Meditieren zu vergessen, und wenn du dich der Meditation widmest, verlierst du das Interesse an Liebe. Aber trotzdem muss man sich nicht entscheiden. Wenn dir nach Liebe ist, dann gib dich der Liebe hin – wähle nicht! Und wenn dir nach Meditation ist, dann gib dich der Meditation hin – wähle nicht! Du brauchst dabei keine Wahl zu treffen.

Denn die Sehnsucht nach Liebe und Meditation wird niemals gleichzeitig auftauchen. Das ist ein wichtiger Punkt, den man begreifen muss: Die Sehnsucht nach diesen beiden Zuständen wird *niemals* gleichzeitig auftauchen. Beides gleichzeitig ist ganz unmöglich – denn Liebe bedeutet Sehnsucht nach jemand anderem; Liebe bedeutet, auf den anderen fokussiert zu sein. Und Meditation bedeutet, den anderen zu vergessen und auf sich selbst fokussiert zu sein. Die Sehnsucht nach diesen beiden Zuständen kann nicht gleichzeitig auftauchen.

Wenn du mit jemand anderem zusammen sein möchtest, bedeutet das, dass dir mit dir selbst langweilig ist. Und wenn du mit dir selbst zusammen sein möchtest, bedeutet es, dass du der Gesellschaft des anderen überdrüssig bist. Das ist ein wunderbarer Rhythmus! Mit dem anderen zusammen zu sein erzeugt in dir eine tiefe Sehnsucht danach, allein zu sein. Frage einfach mal Liebende – alle Liebenden fühlen manchmal die Sehnsucht in sich, allein zu sein. Doch sie haben Angst davor, dieser Sehnsucht zu folgen, weil sie denken, dass sich das gegen die Liebe richten würde – und was würde ihr Partner dazu sagen? Der andere fühlt sich vielleicht beleidigt. Also machen sie sich etwas vor – obwohl sie allein sein möchten, ihren eigenen Raum haben möchten, machen sie sich etwas vor und bleiben zusammen. Diese Heuchelei ist falsch, sie zerstört die Liebe. Und sie macht eure Beziehungen unaufrichtig.

Wenn du allein sein möchtest, dann sag dem anderen einfach voller Respekt und Liebe: »In mir taucht eine große Sehnsucht danach auf, allein zu sein, und ich muss dem jetzt nachgeben – ich habe keine andere Wahl. Fühl dich bitte nicht beleidigt. Es hat nichts mit dir zu tun; es ist einfach mein eigener innerer Rhythmus.«

Das wird auch dem anderen helfen, authentisch und aufrichtig zu dir zu sein. Wenn du einen anderen Menschen wirklich liebst, werden eure Rhythmen sich allmählich aneinander anpassen, und das ist das Wunder, die Magie der Liebe. Wenn zwischen zwei Menschen echte Liebe herrscht, dann wird genau das passieren: Sie werden feststellen, dass die Sehnsucht nach Gemeinsamkeit und die Sehnsucht nach Alleinsein synchron bei beiden auftauchen. Sie werden einen gemeinsamen Rhythmus finden: Manchmal werden sie zusammenkommen und zusammen sein und sich ineinander auflösen und sich selbst komplett vergessen; und dann wieder werden sie sich voneinander trennen, sich voneinander wegbewegen, sich in ihren eigenen Raum zurückziehen, ganz zu sich selbst zurückkehren – Meditierende werden.

Es geht nicht um die Wahl zwischen Meditation und Liebe. Beides will gelebt werden. Und was immer in dir auftaucht, was immer die tiefste Sehnsucht in jedem Moment ist – folge dieser Sehnsucht.

Akzeptiere die Höhen und Tiefen

Du musst lernen, die Höhen und Tiefen im Leben zu akzeptieren. Es ist ein rhythmischer Wechsel: Manchmal fühlst du dich im Einklang mit allem, und manchmal hast du das Gefühl, dass du nicht im Einklang bist; das ist ganz normal. Es ist wie Tag und Nacht, Sommer und Winter. Du musst die Schattenseiten von allem kennenlernen. Wenn du den Schatten nicht akzeptieren kannst, machst du dir unnötig Sorgen, und das macht alles nur noch komplizierter.

Wenn etwas Schönes geschieht, akzeptiere es, sei dankbar; wenn es nicht geschieht, akzeptiere auch das und bleibe bei einem Gefühl von Dankbarkeit, im Wissen, dass es sich einfach um eine Ruhepause handelt. Du hast den ganzen Tag über gearbeitet und am Abend schläfst du ein – mach dir keine Sorgen, weil du nicht weiter arbeiten und Geld verdienen und tausend Dinge gleichzeitig tun kannst, weil doch noch so viele Dinge zu tun sind … Mach dir keine Sorgen deswegen!

Es gibt Leute, die sich deswegen Sorgen machen. Dann können sie nicht schlafen, was ihnen aber auch nichts bringt. Wer in der Nacht nicht schlafen kann, fühlt sich am Morgen erschöpft – noch müder als am Abend zuvor. Wer den Tag vergisst und die Nacht als Ruhepause akzeptiert und sich tief entspannt, wird am Morgen mit neuen Augen und neuem Elan erwachen, wird den neuen Tag begrüßen und willkommen heißen, wird froh sein, wieder zu atmen, die Sonne zu erblicken, andere Menschen zu sehen.

Denke immer daran, dass alles seine Ruhepausen hat. Und die Ruhepause ist nicht gegen die Aktivität gerichtet; vielmehr gibt sie ihr Energie und Vitalität.

Kämpfe nicht gegen deine Natur

Der Psychologe Hans Selye hat sein ganzes Leben lang nur an einem einzigen Thema gearbeitet – Stress. Und er kam zu verschiedenen tiefgründigen Schlussfolgerungen. Eine davon ist, dass Stress nicht immer negativ ist; er lässt sich auf wunderbare Weise nutzen. Stress ist nicht immer negativ – und es ist nicht gut, wenn wir denken, dass er immer nur negativ ist, denn damit erzeugen wir nur Probleme. Stress kann auch als Sprungbrett genutzt werden, er kann zu einer kreativen Kraft werden. Doch man hat uns in der Regel beigebracht, dass Stress schlecht sei; wenn du also irgendeine Art von Stress verspürst, macht dir das Angst. Und deine Angst macht die Situation sogar noch stressiger; es macht die Situation kein bisschen besser.

Zum Beispiel können Geldprobleme zu Stress führen. Sobald du dir der Anspannung bewusst wirst, macht dir das Angst. Du sagst dir: »Ich muss mich entspannen.« Das wird dir aber nicht helfen, denn du kannst dich nicht entspannen. Tatsächlich wird der Versuch, dich zu entspannen, dir zusätzlichen Stress machen. Die Anspannung ist da, und du versuchst dich zu entspannen und es gelingt dir nicht – damit hast du das Problem also nur verschlimmert.

Wenn du im Stress bist, dann nutze diesen Stress als kreative Energie. Zuerst akzeptiere ihn einfach; es ist nicht notwendig, ihn zu bekämpfen. Akzeptiere ihn, denn er ist vollkommen in Ordnung. Er sagt dir einfach nur: »Du hast Geldprobleme, und irgendetwas läuft nicht richtig; du könntest dabei schlecht wegkommen.« Stress bedeutet einfach nur, dass der Körper sich darauf vorbereitet, sich mit der Situation auseinanderzusetzen. Wenn du jetzt versuchst, dich zu entspannen, oder wenn du Schlafmittel oder Beruhigungspillen nimmst, dann handelst du damit gegen deinen Körper.

Der Körper bereitet sich darauf vor, mit dieser Situation umzugehen, sie als Herausforderung zu nehmen. Genieße die Herausforderung! Auch wenn du manchmal nachts nicht schlafen kannst, ist das noch lange kein Grund zur Sorge. Nutze die Energie, die durch den Stress hervorgerufen wird: Geh joggen oder mach einen langen Spaziergang. Mach Pläne, was du tun möchtest, was der Verstand tun möchte. Statt dich krampfhaft zu bemühen, endlich einzuschlafen, was nicht möglich ist, solltest du die Situation lieber kreativ nutzen. Der Verstand sagt dir einfach, dass der Körper bereit ist, sich mit dem Problem auseinanderzusetzen. Das ist keine Zeit für Entspannung. Entspannen kannst du später.

Tatsächlich wirst du dich automatisch entspannen, sobald du die Stresssituation vollständig durchlebt hast. Man kann eine starke Spannung nur eine gewisse Zeit lang halten, danach wird sich der Körper automatisch entspannen. Wenn du dich mittendrin entspannen möchtest, erzeugst du damit Probleme; der Körper kann sich mittendrin nicht entspannen. Es ist fast so, als würde sich ein Sprinter für ein Rennen bereitmachen. Er wartet nur auf den Startschuss, das Signal, und los geht's, ab wie der Wind. Er ist voller Anspannung; das ist keine Zeit zum Entspannen. Wenn er ein Beruhigungsmittel nimmt, kann er nicht mehr rennen. Wenn er sich entspannt und Transzendentale Meditation macht, wird er das Rennen nicht gewinnen. Er muss seine Anspannung, seinen Stress nutzen: Die Anspannung gibt ihm Energie. Sie macht ihn vital und lebendig und voller Potenzial. Er muss seine Anspannung halten und sie als Energie nutzen, als Brennstoff.

Selye hat dieser Art von Stress einen neuen Namen gegeben: Er hat ihn Eustress genannt – wie in Euphorie. Es ist ein positiver Stress. Sobald der Sprinter sein Rennen beendet hat, wird er tief und fest schlafen; das Problem ist gelöst. Jetzt, da das Problem verschwunden ist, verschwindet auch der Stress von allein.

Versuch es also ebenso zu machen: Wenn du dich in einer stressigen Situation befindest, dann dreh nicht durch, hab keine Angst davor. Begib dich vielmehr in die Anspannung hinein und nutze sie zum Kämpfen. Ein menschliches Wesen besitzt unglaubliche Energie, und je mehr du sie nutzt, desto mehr Energie hast du.

Wenn eine stressige Situation auftaucht, dann kämpfe – mach alles, was du tun kannst, wirf dich wie wild hinein. Erlaube den Stress, akzeptiere ihn, heiße ihn willkommen. Stress ist gut, er bereitet dich auf den Kampf vor. Und wenn du das Problem gelöst hast, wirst du staunen: Eine tiefe Entspannung tritt ein, und diese Entspannung machst du nicht selbst. Zuerst kannst du vielleicht zwei oder drei Nächte nicht schlafen, und danach wachst du 48 Stunden lang nicht mehr auf – und beides ist in Ordnung!

Wir tragen so viele falsche Vorstellungen mit uns herum – zum Beispiel, dass jeder Mensch jeden Tag acht Stunden Schlaf braucht. Es hängt doch von der Situation ab. Es gibt Situationen, in denen kein Schlaf nötig ist. Versuchst du vielleicht zu schlafen, wenn dein Haus in Flammen steht? Das ist nicht möglich, und es sollte auch nicht möglich sein, denn wer wird sonst das Feuer löschen? Wenn dein Haus in Flammen steht, wirst du alles andere ignorieren; dein Körper ist sofort bereit, das Feuer zu bekämpfen. Du wirst dich in dieser Situation nicht müde fühlen. Sobald das Feuer gelöscht ist und alles sich wieder beruhigt hat, kannst du schlafen, und dann wirst du vielleicht ziemlich lange schlafen, und das genügt dann.

Und die Menschen brauchen auch nicht alle die gleiche Menge Schlaf. Manche Menschen brauchen nur zwei, drei, vier oder fünf Stunden; andere brauchen sechs, acht, zehn oder zwölf Stunden. Die Menschen sind verschieden; es gibt keine Norm. Und die Menschen erleben auch Stress ganz unterschiedlich.

Es gibt zwei Typen von Menschen auf dieser Welt: den einen könnte man als den Rennpferd-Typ bezeichnen und den anderen als den Schildkröten-Typ. Wenn man dem Rennpferd-Typ nicht erlaubt, die Dinge schnell anzugehen, im Galopp, dann macht ihm das Stress; er muss die Dinge in seinem eigenen Tempo tun. Wenn du also ein Rennpferd bist, dann vergiss Entspannung und alles, was damit zusammenhängt; das ist nichts für dich. Es ist etwas für Schildkröten! Sei einfach ein Rennpferd, wenn das deiner Natur entspricht, und denk nicht über die

Freuden nach, die eine Schildkröte genießt; das ist nichts für dich. Du hast andere Freuden. Und wenn eine Schildkröte versucht, sich wie ein Rennpferd zu verhalten, wird das ebenfalls zu Problemen führen.

Akzeptiere also einfach deine Natur. Wenn du ein Kämpfer bist, ein Krieger, dann musst du das ausleben, und es wird dir Freude bereiten. Du brauchst keine Angst davor zu haben; mach es von ganzem Herzen. Stürze dich in den Wettkampf, mach alles, was du wirklich tun möchtest. Hab keine Angst vor den Konsequenzen und akzeptiere den Stress. Man muss seinen eigenen Typ kennen. Wenn du weißt, welcher Typ du bist, dann gibt es kein Problem, dann kannst du ganz geradlinig deiner Natur folgen.

Prüfe, was du davon hast

Wenn du feststellst, dass du dich ständig unglücklich fühlst, dann muss du irgendetwas davon haben, irgendeinen Gewinn; warum solltest du sonst unglücklich sein? Sich unglücklich zu fühlen kann manchmal mit großen Vorteilen verbunden sein. Du bist dir der Vorteile vielleicht gar nicht bewusst, des Nutzens, den du davon hast, und deshalb denkst du: »Warum fühle ich mich ständig unglücklich?« Und dabei bist du dir gar nicht bewusst, dass dein Unglücklichsein dir etwas gibt, was du dir wünschst.

Du bekommst zum Beispiel Mitgefühl von anderen, wenn du unglücklich bist. Wenn du unglücklich bist, kommt vielleicht dein Mann und legt dir seine Hand auf den Kopf, massiert dir den Nacken, ist liebevoll zu dir und schenkt dir mehr Aufmerksamkeit als sonst. Es gibt so einiges an Vorteilen, die du aus dem Unglücklichsein ziehen kannst.

Schau dich einfach mal um. Viele Kinder bekommen am Morgen Bauchschmerzen, sobald der Schulbus kommt und sie zur Schule gehen sollen. Und natürlich weißt du, was Sache ist. Du weißt genau, warum dein Sohn Bauchweh hat. Doch bei dir ist es genau dasselbe. Es ist vielleicht ein bisschen raffinierter, ein bisschen cleverer, mehr durchdacht, aber im Grunde ist es genau dasselbe.

Wenn die Menschen anfangen, im Leben zu versagen, dann bekommen sie hohen Blutdruck, Herzinfarkt und alle möglichen anderen gesundheitlichen Probleme. Das sind alles Rechtfertigungsversuche. Ist euch das schon mal aufgefallen? Herzinfarkte und hoher Blutdruck tauchen fast immer um das Alter von 42 Jahren auf. Warum in diesem Alter? Warum bekommt ein gesunder Mensch plötzlich einen Herzinfarkt?

Im Alter von 42 Jahren zieht man im Allgemeinen ein gewisses Zwischenfazit im Leben – ob man erfolgreich oder erfolglos war. Denn nach 42 gibt es nicht mehr viel Hoffnung auf Steigerung. Wenn du Geld machen wolltest, musst du es jetzt gemacht haben – denn die Tage der größten Kraft und Energie liegen jetzt hinter dir. Das Alter, in dem du auf dem Höhepunkt bist, liegt bei 35. Du kannst dir sieben weitere Jahre geben, doch im Grunde sind diese sieben weiteren Jahre bereits eine Zeit des Abstiegs. Du hast in diesen sieben Jahren vielleicht alles getan, was dir möglich war. Und nun hast du das Alter von 42 Jahren erreicht, und plötzlich erkennst du, dass du gescheitert bist.

Jetzt brauchst du eine Entschuldigung, einen Grund dafür – und schon kommt der Herzinfarkt. Das ist ein großes Geschenk, ein Segen Gottes. Jetzt kannst du dich ins Bett legen und sagen: »Was soll ich machen? Der Herzinfarkt hat alles durcheinander gebracht. Als gerade alles wunderbar lief, als ich gerade dabei war, Erfolg zu haben, mir einen Namen zu machen, richtig viel Geld zu verdienen, kam dieser Infarkt dazwischen.« Der Herzinfarkt ist eine wunderbare Entschuldigung. Jetzt kann niemand mehr sagen, dass du selber schuld daran bist, dass du nicht hart genug gearbeitet hast, dass du nicht intelligent genug warst. Niemand wird nun so etwas zu dir sagen. Alle werden Mitgefühl mit dir haben; sie werden nett zu dir sein und sagen: »Was kann man da schon machen? Das ist eben Schicksal.«

Wir kreieren uns immer wieder Unglück, weil es uns etwas bringt. Und du musst erkennen, was es dir bringt – nur dann kannst du es loslassen. Andernfalls kannst du es nicht loswerden. Wenn du nicht bereit bist, die Vorteile aufzugeben, die dein Unglück mit sich bringt, kannst du es nicht loslassen.

Wenn Gefängnisse angenehme Orte wären, würde niemand sie jemals wieder verlassen wollen. Wenn du dich also in einem Gefängnis befindest und nicht versuchst, daraus auszubrechen, dann schau dir die Situation noch einmal etwas genauer an. Es muss etwas geben, was dich dort hält: weicher Teppichboden, Farbfernsehen, Klimaanlage, attraktive Bilder. Es gibt keine Gitter an den Fenstern, niemand bewacht dich – du hast ein Gefühl von vollkommener Freiheit! Warum solltest du also versuchen, auszubrechen? Die Frage in dieser Situation ist vielleicht gar nicht, wie du hinauskommen kannst; die Frage ist, wie du drinbleiben kannst!

Schau dir dein Unglück also noch mal etwas genauer an; verurteile es nicht schon von vornherein. Wenn du es von vornherein verurteilst, kannst du es dir nicht mehr genau ansehen, kannst du es nicht beobachten. Eigentlich solltest du es auch gar nicht als Unglück bezeichnen, denn Worte erzeugen Vorstellungen, Assoziationen. Wenn du von Unglück sprichst, hast du es bereits verurteilt. Und wenn du etwas verurteilt hast, bist du verschlossen; dann schaust du es dir nicht mehr wirklich an. Gib ihm irgendeinen Namen – XYZ – es spielt keine Rolle. Nenne es zum Beispiel X, wie auch immer die Situation ist; gehe mathematisch vor und nenne es X, und dann geh hin und schau es dir an. Schau dir an, welche Vorteile du davon hast und welchen Grund es geben könnte, dass du es immer wieder für dich kreierst, warum du so daran festhältst. Und du wirst überrascht feststellen: Was du als Unglück bezeichnet hast, bringt viele Dinge mit sich, die du genießt, die positiv für dich sind. Und bevor du das nicht gesehen hast und dir die Dinge angeschaut hast, die dir daran gefallen, wirst du nichts verändern können.

Und danach gibt es zwei Möglichkeiten. Eine Möglichkeit ist, dass du aufhörst, aus deinem Muster ausbrechen zu wollen. Möglicherweise sind die Vorteile so groß, dass du das Muster einfach akzeptierst. Und genau das, nämlich das Muster zu akzeptieren, ist bereits eine Transformation. Und die zweite Möglichkeit ist, dass du erkennst, dass du selbst dein Unglück verursacht hast, durch deine unbewussten Sehnsüchte, und dass diese unbewussten Sehnsüchte töricht sind. Wenn du die ganze Dummheit der Situation erst einmal erkannt hast, wirst du nicht mehr so weitermachen können wie bisher, und das Ganze wird sich von allein auflösen. Das sind die beiden Möglichkeiten: Entweder du machst nicht mehr so weiter und das Unglück löst sich von selbst auf, oder du akzeptierst es einfach, du heißt es sogar willkommen, weil du all die Dinge genießt, die es mit sich bringt – und auch dadurch löst sich das Unglück auf.

Das sind zwei Seiten derselben Medaille. Doch es braucht Verstehen, vollkommenes Verstehen deines Unglücks – nur dann kann es sich transformieren. Entweder wirst du aus diesem Verstehen heraus einfach damit aufhören, oder du wirst alles, was damit verbunden ist, akzeptieren. Das sind die beiden Wege, der negative und der positive, die zur Transformation führen.

Genieße den Wandel und das Unwandelbare

In gewisser Weise ist jeder Tag gleich. Wie könnte es auch anders sein? Es ist schließlich dieselbe Sonne, die jeden Morgen aufgeht und jeden Abend untergeht. Doch wenn du es genau beobachtest, wirst du feststellen, dass keine zwei Sonnenuntergänge genau gleich sind. Hast du dabei schon einmal die Farben am Himmel beobachtet? Hast du dir schon einmal die Wolkenformationen rund um die Sonne angeschaut?

Keine zwei Sonnenaufgänge sind genau iden-
tisch; keine zwei Sonnenuntergänge sind genau
gleich. Die Welt ist eine diskontinuierliche Kontinuität – diskontinuierlich, weil in jedem Moment etwas Neues geschieht, und doch kontinuierlich, weil
es nie vollkommen neu ist. Beides ist miteinander
verbunden. Deshalb ist es wahr, dass es nichts Neues
unter der Sonne gibt, doch gleichzeitig gibt es auch
nichts Altes unter der Sonne. Beides ist wahr.

Nichts ist neu und nichts ist alt. Alles verändert
sich ständig und bleibt doch irgendwie auch gleich;
alles bleibt gleich, und doch verändert es sich ständig. Das macht die Schönheit, das Mysterium, das
Geheimnis der Existenz aus. Es lässt sich nicht auf
eine einfache Formel reduzieren. Man kann weder
sagen, dass alles immer gleich bleibt, noch, dass
nichts gleich bleibt. Man kann das Leben nicht in
Kategorien einteilen; alle Schubladen sind wertlos.
Wenn es um das Leben geht, kann man alle Schubladen, alle Kategorien schlichtweg vergessen. Es ist
größer als alle unsere Kategorien, es transzendiert
alle Kategorien. Es ist so groß, dass sich kein Anfang
und kein Ende finden lassen.

Ich war gestern bereits hier, doch heute bin ich
nicht mehr derselbe. Wie könnte ich derselbe sein?
In dieser Zeit ist so viel Wasser den Ganges hinabge-
flossen. Ich bin 24 Stunden älter, 24 Stunden Erfah-

rungen sind hinzugekommen, 24 Stunden Bewusstheit. Ich bin reicher; ich bin nicht mehr derselbe – der Tod ist etwas näher gerückt. Auch ihr seid nicht mehr dieselben. Und doch sehe ich genauso aus wie gestern, und ihr ebenfalls.

Versteht ihr, was ich damit meine? Davon spreche ich, wenn ich sage, dass das Leben ein Mysterium ist. Ihr könnt es nicht einteilen, ihr könnt nicht definitiv sagen: »So ist es.« In dem Moment, in dem ihr das sagt, wird euch sofort bewusst werden, dass das Leben euch bereits widerlegt hat.

Und sind die Bäume heute noch dieselben, die sie gestern waren? Manche Blätter sind abgefallen, neue Blätter sind gewachsen; verwelkte Blüten sind abgefallen, neue Blüten haben sich geöffnet. Wie könnten sie noch dieselben sein? Heute singen keine Vögel, es ist still draußen. Gestern sangen die Vögel, und die Stille war anders, sie war voller Vogelgesang. Die Stille heute ist anders, ohne Vogelgesang. Es weht nicht einmal ein Wind – alles ist ruhig. Gestern hatten wir starken Wind. Heute meditieren die Bäume; gestern haben sie getanzt. Es kann nicht vollkommen gleich sein, und doch ist es gleich.

Es hängt von dir ab – wie du das Leben betrachtest. Wenn du es so betrachtest, als wäre es immer dasselbe, wirst du dich gelangweilt fühlen. Wenn du das tust, dann mach niemand anderen dafür verantwortlich. Es liegt an deiner inneren Haltung. Wenn du sagst, dass alles immer nur dasselbe ist, dann bist du gelangweilt. Wenn du die ständige Veränderung wahrnimmst, den Fluss, die andauernde Bewegung um dich herum, die Dynamik des Lebens – jeden Moment verschwindet Altes und Neues taucht auf –, wenn du diese ständige Neugeburt sehen kannst, die Hand der Natur, die laufend Neues erschafft, dann wirst du dich verzaubert fühlen, begeistert. Dein Leben wird alles andere als langweilig sein. Du wirst dich ständig fragen: »Was kommt als Nächstes?« Dann bist du nicht gelangweilt. Deine Intelligenz bleibt scharf, lebendig, jung.

Es hängt also davon ab, wie du werden möchtest. Wenn du wie ein Zombie werden möchtest, dumpf, träge, trübsinnig, traurig und gelangweilt, dann glaub ruhig, dass das Leben immer dasselbe ist. Wenn du dagegen jung und lebendig bleiben möchtest, strahlend und frisch, dann glaube daran, dass das Leben in jedem Moment neu ist.

Der griechische Philosoph Heraklit hat gesagt: »Man kann nicht zweimal in den gleichen Fluss steigen.« Man kann nicht zweimal dem gleichen Menschen begegnen, man kann nicht zweimal den gleichen Sonnenaufgang sehen. Es hängt von dir ab. Und wenn du mich verstanden hast, dann sage ich dir: Wähle nicht. Wenn du die Vorstellung wählst, dass alles alt ist, wirst du alt. Wenn du die Vorstellung wählst, dass alles immer jung und neu ist, bleibst du jung. Doch ich sage: Wähle nicht; erkenne, dass beides wahr ist. Dann wirst du alle Kategorien hinter dir lassen. Dann bist du weder jung noch alt. Dann bist du ewig, gottähnlich, wie das Leben selbst.

Wenn du glaubst, dass alles immer dasselbe ist, wirst du dich langweilen. Die ständige Wiederholung wird dich abstumpfen. Um wach und lebendig zu bleiben, braucht man etwas, was sich nicht dauernd wiederholt. Wenn sich ständig etwas Neues ereignet, bleibst du lebendig, bleibst du aufmerksam.

Hast du schon einmal einen Hund beobachtet, der still dasitzt? Vielleicht liegt ein Stein vor seiner Nase, doch er beachtet ihn nicht. Doch was, wenn der Stein sich bewegt? Wenn du den Stein an einem Faden befestigt hast und an ihm ziehst, wird der Hund aufspringen und bellen. Bewegung macht wach; alle Langeweile ist sofort wie weggeblasen. Man ist nicht mehr schläfrig. Man träumt nicht mehr vor sich hin. Man erwacht aus seinem Schlummer. Etwas hat sich verändert.

Veränderung wirkt wie Bewegung, doch ständige Veränderung kann auch sehr beunruhigend sein. Dauernd dasselbe wirkt abstumpfend, doch dauernde Veränderung entwurzelt.

Das ist genau das, was im Westen passiert ist. Die

Menschen verändern dauernd ihr Leben. Laut Statistik wechseln die Menschen in den USA alle drei Jahre ihren Job. Die Menschen wechseln den Job, wechseln die Stadt, wechseln ihre Partner, versuchen ständig alles zu verändern – wechseln jedes Jahr ihr Auto, ihr Zuhause – und sogar ihre Wertvorstellungen. In England werden Rolls Royce gebaut, die darauf ausgelegt sind, dass sie ewig halten, mindestens ein Leben lang. In Amerika werden auch schöne Autos gebaut, doch Haltbarkeit ist dabei nicht von Interesse: Wer behält sein Auto schon ein Leben lang? Wenn es ein Jahr lang hält, ist das genug. Wenn ein Amerikaner ein Auto kauft, interessiert ihn nicht die Haltbarkeit; er fragt nach dem Wiederverkaufswert. Die Amerikaner leben in einer Welt der Veränderungen – alles ändert sich ständig –, doch sie haben ihre Wurzeln verloren.

Ich bin immer überrascht, wenn ich in Indien in mein altes Dorf zurückkehre. Das erste, was ich wahrnehme, ist, dass dort die Zeit stillzustehen scheint. Alles scheint ewig gleich zu bleiben. Doch die Menschen dort haben tiefe Wurzeln. Sie sind langweilig, aber sehr verwurzelt. Sie sind vollkommen zufrieden und glücklich. Sie sind nicht entfremdet. Sie fühlen sich nicht wie Fremde. Wie könnten sie sich fremd fühlen, wenn alles immer gleich bleibt? Es war alles schon so, als sie geboren wurden, und es wird alles noch genauso sein, wenn sie sterben. Alles ist stabil und dauerhaft. Wie könnte man sich da fremd fühlen? Das ganze Dorf ist wie eine einzige Familie.

In Amerika sind alle entwurzelt. Niemand weiß, wohin er gehört. Es gibt kein Gefühl von Zugehörigkeit mehr. Wenn man jemanden fragt: »Wo gehörst du hin?«, dann wird er mit den Schultern zucken – er war schon in so vielen Städten, an so vielen Schulen, an so vielen Universitäten. Er kann sich nicht einmal sicher sein, wer er ist, denn seine Identität ist sehr verschwommen, nicht fest umrissen. Einerseits ist das gut, weil die Menschen wach und lebendig bleiben, doch andererseits haben sie ihre Wurzeln verloren.

Beides wurde schon ausprobiert: Stabilität, Verwurzelung, nichts Neues unter der Sonne – das haben wir in der Vergangenheit gelebt, viele Jahrhunderte lang. Es hat den menschlichen Verstand einrosten lassen. Die Menschen waren zufrieden, aber nicht besonders lebendig. Dann kam in Amerika etwas Neues auf, und es hat sich über die ganze Welt ausgebreitet, weil Amerika die Zukunft der Welt darstellt. Was immer dort geschieht, wird sich über kurz oder lang überallhin ausbreiten. Amerika setzt den Trend. Nun sind die Menschen sehr lebendig, aber ohne Wurzeln, und sie wissen nicht, wohin sie gehören. Es ist eine große Sehnsucht entstanden, irgendwo dazuzugehören. Eine große Sehnsucht nach Verwurzelung, nach dauerhafter Beziehung: nach etwas Haltbarem, etwas Stabilem, etwas wie einem Zentrum – weil die Menschen sich wie Räder ständig drehen, ohne Rast und Ruh. Es ist sehr stressig, sich die ganze Zeit über dauernd zu verändern, ständige Veränderung im Leben zu haben. Und der Wandel wird immer schneller, von Tag zu Tag. Alles befindet sich in einem ständigen Fluss, in Aufruhr und Chaos, und die Menschen fühlen sich zutiefst gestresst, sie leiden unter starker Anspannung.

Beide Orientierungen haben ihre Vorteile und beide haben ihre Nachteile. Es braucht eine Synthese aus beiden. Es gilt, sich bewusst zu werden, dass das Leben immer gleichzeitig alt und neu ist, beides zusammen – alt, weil die gesamte Vergangenheit im gegenwärtigen Moment vorhanden ist; und neu, weil auch die gesamte Zukunft im gegenwärtigen Moment als Potenzial vorhanden ist. Der gegenwärtige Augenblick ist der Kulminationspunkt der gesamten Vergangenheit und der Beginn der gesamten Zukunft. In diesem Augenblick ist alles verborgen, was geschehen ist und was noch geschehen wird. Jeder Augenblick ist beides, Vergangenheit und Zukunft, ein Zusammentreffen von Vergangenheit und Zukunft. Etwas darin ist alt und etwas darin ist neu, und wenn du dir beider Qualitäten gleichzeitig bewusst sein kannst, verfügst du gleichzeitig über wache Lebendigkeit und Verwurzelung. Du bist entspannt, ohne Stress. Dir wird nicht langweilig, und du bist sehr bewusst und wach.

Ich habe einmal folgende Geschichte gehört:

Eines Nachmittags ist Mrs. McMahon ausgerastet. Sie hat das komplette Geschirr zertrümmert und ihre normalerweise makellose Küche in einen Trümmerhaufen verwandelt. Die Polizei kam und brachte sie in eine psychiatrische Anstalt. Der Chefarzt ließ den Ehemann kommen und fragte ihn: »Können Sie sich irgendeinen Grund vorstellen, warum Ihre Frau so plötzlich den Verstand verloren hat?«

»Ich bin ebenso überrascht wie Sie«, antwortete darauf Mr. McMahon. »Ich kann mir nicht vorstellen, was da in sie gefahren ist. Sie war immer so eine ruhige, fleißige Frau. Sie hat die letzten zwanzig Jahre nicht ein einziges Mal ihre Küche verlassen!«

Es ist klar, warum Mrs. McMahon durchgedreht ist. Es ist so einfach wie zwei plus zwei gleich vier. Natürlich kann es einen wahnsinnig machen, wenn man zwanzig Jahre lang die Küche nicht verlassen hat. Aber das Gegenteil kann einen ebenfalls wahnsinnig machen. Wenn man zwanzig Jahre lang nicht zu Hause war, immer auf Wanderschaft, immer in Bewegung, immer auf der Suche, ohne jemals anzukommen, wenn man zum Zigeuner geworden ist, ohne Heimat, dann kann man ebenfalls wahnsinnig werden.

Beides ist gefährlich, wenn es zu einseitig wird. Beides zusammen macht das Leben reich. Alle Polaritäten machen das Leben reich: Yin und Yang, Mann und Frau, Dunkelheit und Licht, Leben und Tod, Gott und der Teufel, Heiliger und Sünder. Ohne Polaritäten wird das Leben monoton. Entscheide dich nicht für ein monotones Leben, sondern für ein reiches.

TEIL III

Sich vom Zentrum aus beziehen

Alle Beziehungen sind wie Spiegel. Du siehst dein Gesicht im Spiegel des Gegenübers. Es ist sehr schwierig, das eigene Gesicht direkt zu sehen – es braucht einen anderen, einen Spiegel, um dein eigenes Gesicht zu sehen. Und wo könntest du einen besseren Spiegel finden als in den Augen eines Gegenübers?

Schau ab und zu in die Augen eines Feindes, und du wirst eine Facette deiner selbst erkennen. Schau in die Augen von Freunden, von geliebten Menschen, und du wirst weitere Facetten von dir selbst erkennen. Schau in die Augen eines Menschen, der dir kein Interesse entgegenbringt, und du wirst eine weitere Facette erkennen. Sammle all diese Gesichter – sie sind deine, sie sind verschiedene Aspekte deines Seins. Begib dich in unterschiedliche Situationen, mit unterschiedlichen Menschen, in unterschiedlichen Welten, und sammle all diese Vielfältigkeit und Bewusstheit und Wachheit ein. Dann geh damit zurück zu deinem Zentrum und nimm all diese Bewusstheit mit dir, und deine Meditation wird tiefer und reicher werden.

Mit anderen leben: Regeln und wann sie zu brechen sind

Jeder Mensch wird in Freiheit geboren und stirbt als Sklave. Der Beginn des Lebens ist vollkommen frei und natürlich, doch dann kommt die Gesellschaft hinzu, mit ihren Regeln und Vorschriften, ihrer Moral, ihrer Disziplin und ihrer Erziehung, und alle Freiheit und Natürlichkeit und Spontanität gehen verloren. Man beginnt eine Art Rüstung um sich herum aufzubauen. Man wird immer unbeweglicher und steifer. Die innere Weichheit ist nicht mehr sichtbar.

An der Grenze seines Selbst beginnt der Mensch eine festungsähnliche Mauer zu errichten, um sich zu verteidigen, um nicht verwundbar zu sein, um Sicherheit und Schutz zu gewährleisten. Doch die Freiheit des Seins geht dabei verloren. Man beginnt sich nach den anderen zu richten. Ihre Anerkennung oder Zurückweisung, ihre Ächtung oder Wertschätzung werden immer wichtiger und bedeutungsvoller. Die anderen werden zum Kriterium, und man beginnt sie zu imitieren und ihnen zu folgen.

Man muss als Mensch mit anderen leben, und ein Kind ist sehr weich und formbar; es kann auf jede beliebige Art geformt werden. Die Gesellschaft beginnt es zu formen – die Eltern, die Lehrer, die Schule – und nach und nach wird es zu einer Persönlichkeit statt zu einem Wesen. Es lernt alle Regeln. Es wird entweder ein Angepasster oder ein Rebell, und beides ist eine Art von Sklaverei. Wenn es angepasst wird, orthodox, »rechtschaffen«, dann ist das eine Art von Sklaverei. Auf der anderen Seite kann das Kind auch dagegen rebellieren, zum Hippie werden und sich ins andere Extrem begeben. Doch auch das ist eine Art von Sklaverei, weil die Reaktion sich auf das bezieht, was man vermeiden möchte. Man kann sich in die entgegengesetzte Ecke begeben, und doch wird man dabei tief im Inneren die Regeln in sich tragen, gegen die man rebelliert. Die anderen befolgen sie, du rebellierst gegen sie, doch der Fokus liegt auf denselben Regeln. Reaktionäre und Revolutionäre sitzen im selben Boot. Sie schauen vielleicht in unterschiedliche Richtungen, Rücken an Rücken, doch das Boot ist dasselbe.

Ein Mensch, der in seinem eigenen Inneren zentriert ist, ist weder ein Reaktionär noch ein Revolutionär. Er ist frei und natürlich; er ist weder für etwas noch gegen etwas, er ist einfach er selbst. Für ihn gibt es keine Regeln, die er befolgen oder verweigern könnte. Er hat einfach keine Regeln. Jemand, der in sich zentriert ist, ist ein wahrhaft religiöser Mensch, denn er ist frei in seinem eigenen Selbst. Er ist nicht von Gewohnheiten und Konditionierungen bestimmt. Er ist kein gezähmtes Wesen – was nicht bedeutet, dass er unzivilisiert und primitiv wäre; er repräsentiert vielmehr das höchste Erblühen von Zivilisation und Kultur. Doch er ist kein gezähmtes Wesen. Er hat an Bewusstheit gewonnen und braucht keine Regeln; er hat alle Regeln und Gebote transzendiert. Er ist aufrichtig, aber nicht, weil es ein Gebot gibt, aufrichtig zu sein. Dadurch, dass er frei und natürlich ist, ist er auch aufrichtig; es geschieht einfach. Er hat Mitgefühl, aber nicht, weil er einem Gebot folgt, mitfühlend zu sein, nein. Dadurch, dass er frei und natürlich ist, verspürt er einfach Mitgefühl mit allem um ihn herum. Es geschieht nicht aus einer Absicht heraus, es ist einfach ein Nebenprodukt seiner größeren Bewusstheit. Er ist nicht für die Gesellschaft und nicht gegen die Gesellschaft – er ist einfach jenseits von ihr. Er ist wieder zum Kind geworden, das Kind einer vollkommen unbekannten Welt, das Kind einer neuen Dimension – er ist neu geboren.

Jedes Kind wird frei und natürlich geboren; dann kommt die Gesellschaft hinzu – und aus bestimmten Gründen muss das so sein. Daran ist nichts falsch, denn wenn das Kind sich selbst überlassen würde, würde es niemals etwas lernen und wie ein Tier bleiben. Die Gesellschaft muss hinzukommen; sie ist eine Stufe, durch die man sich hindurchbewegen muss – sie ist notwendig. Man darf nur nicht vergessen, dass sie nur ein Durchgangsstadium ist, durch das man hindurchgehen muss. Man sollte darin nicht heimisch werden. Man muss der Gesellschaft zunächst folgen und sie dann transzendieren; ihre Regeln müssen erlernt und dann wieder verlernt werden.

Die Regeln existieren, weil es andere Menschen gibt. Du bist nicht allein. Ein Kind im Schoß der Mutter ist vollkommen allein; es braucht noch keine Regeln, keine Moral, keine Disziplin, keine Ordnung. Regeln kommen erst hinzu, wenn ein anderer Mensch in dein Leben tritt; Regeln kommen zusammen mit Beziehungen. Weil du nicht allein bist, musst du an die anderen denken und sie berücksichtigen. In dem Augenblick, in dem ein Kind geboren wird, mit seinem allerersten Atemzug, ist es ein soziales Wesen. Wenn das Kind nicht schreit, werden die Ärzte es sofort zwingen zu schreien, denn wenn es nicht innerhalb weniger Minuten zu schreien beginnt, wird es sterben. Es muss schreien, denn sein Schreien öffnet die Atemwege. Es wird gezwungen zu schreien, weil andere Menschen da sind und seine Formung bereits begonnen hat.

Nichts ist falsch daran. Es ist notwendig, doch es sollte so geschehen, dass das Kind seine Bewusstheit niemals verliert, dass es sich nicht mit den kulturellen Mustern identifiziert, dass es tief im Inneren frei bleibt und weiß, dass man den Regeln folgen muss, doch dass die Regeln nicht das Leben sind. Es sollte wissen, dass es notwendig ist, die Regeln zu lernen. Doch eine gute Gesellschaft sollte folgendes lehren: »Diese Regeln sind wichtig, weil du mit anderen zusammenleben musst, doch sie sind nicht absolut. Es wird nicht von dir erwartet, dass du dich für immer und ewig von ihnen einschränken lässt. Eines Tages musst du sie transzendieren.« Eine Gesellschaft ist dann gut, wenn sie ihren Mitgliedern beides vermittelt, Zivilisation und Transzendenz.

Bis zu einem gewissen Grad muss man auf andere hören, und dann muss man anfangen, auf sich selbst zu hören. Am Ende gilt es, zum ursprünglichen Zustand zurückzukehren. Bevor du stirbst, musst du wieder zu einem unschuldigen Kind werden – frei und natürlich –, weil du im Tod wieder in die Dimension des Alleinseins eingehst. So wie du im Schoß der Mutter allein warst, wirst du im Sterben wieder die Dimension des Alleinseins betreten. Dort existiert keine Gesellschaft. Deshalb musst du während deines Lebens bereits Räume finden, Augenblicke wie Oasen in der Wüste, in denen du einfach die Augen schließt und dich über die Gesellschaft hinausbegibst. Begib dich in dich selbst, in deinen eigenen Schoß – das ist es, was Meditation bedeutet. Die Gesellschaft ist dort draußen; schließe einfach die Augen und vergiss die Gesellschaft und sei allein mit dir. Da existieren keine Regeln, da braucht es keine Persönlichkeit, keine Moral, keine Worte, keine Sprache. In deinem Inneren kannst du frei und natürlich sein.

Wachse in diese Freiheit und Natürlichkeit hinein. Selbst wenn es im Äußeren Disziplin braucht, kannst du in deinem Inneren frei und ungezähmt bleiben. Wenn du innerlich frei bleiben kannst, während du all die Dinge tust, die in der Gesellschaft nötig sind, dann wirst du bald an den Punkt kommen, an dem du sie einfach transzendierst.

Ich möchte euch eine Geschichte dazu erzählen, eine Sufi-Geschichte.

Ein alter und ein junger Mann reisen zusammen mit einem Esel durchs Land. Sie gehen neben dem Esel her und kommen dabei in die Nähe einer Stadt. Ein paar Schulkinder laufen vorbei. Sie kichern und lachen und sagen: »Schaut euch nur diese Dummköpfe an, sie haben einen gesunden Esel und gehen trotzdem zu Fuß. Wenigstens der alte Mann könnte sich auf den Esel setzen.«

Der alte und der junge Mann hören, was die Kinder sagen, und beratschlagen: »Was sollen wir tun? Die Leute lachen über uns, und bald kommen wir in die Stadt. Wir machen besser, was sie sagen.« Also setzt sich der alte Mann auf den Esel und der junge Mann folgt ihm.

Dann begegnen sie einer weiteren Gruppe von Leuten, die sie sehen und sagen: »Schaut nur! Der alte Mann sitzt auf dem Esel und der arme Junge muss laufen. Das ist doch absurd. Der alte Mann kann doch selber laufen, aber der Junge sollte auf dem Esel reiten dürfen.« Also tauschen sie die Plätze; der alte Mann geht zu Fuß und der Junge setzt sich auf den Esel.

Dann kommt ihnen eine andere Gruppe entgegen, und diese Leute sagen: »Schaut euch nur diese Narren an. Der Junge scheint ziemlich arrogant zu sein. Der alte Mann ist vielleicht sein Vater oder sein Lehrer, und doch muss er laufen, während der Junge auf dem Esel reitet – das verstößt gegen alle Regeln!«

Was sollen sie nun tun? Sie beschließen, dass es nur eine Möglichkeit gibt – sie müssen beide auf dem Esel reiten. Sie setzen sich also zusammen auf den Esel, und dann kommen wieder andere Leute und sagen: »Schaut euch nur diese grausamen Leute an! Der arme Esel bricht ja beinahe zusammen. Zwei Leute auf einem Esel? Sie sollten ihn besser auf ihren Schultern tragen!«

Die beiden halten also eine weitere Diskussion ab. Dabei sehen sie, dass sie nicht weit von einem Fluss und einer Brücke entfernt sind. Sie haben beinahe den Rand der Stadt erreicht, also beschließen sie: »Wir befolgen besser das, was die Leute in der Stadt hier sagen, sonst halten sie uns für Narren.« Sie suchen sich also einen stabilen Bambusstock, binden die Füße des Esels zusammen und hieven ihn sich auf die Schultern. Der Esel versucht sich natürlich zu wehren, wie Esel das so machen – sie lassen sich nicht so leicht zu etwas zwingen. Er versucht sich davonzumachen, denn er glaubt nicht an die Gesellschaft und an das, was andere sagen. Aber die beiden Männer sind stärker, so dass er nicht entkommen kann.

Als sie sich mitten auf der Brücke befinden, kommt ihnen eine größere Gruppe von Menschen entgegen, und alle versammeln sich um sie herum und sagen: »Schaut euch nur diese Narren an! Noch nie haben wir solche Idioten gesehen – ein Esel ist zum Reiten da, nicht dazu, ihn auf den Schultern zu tragen. Seid ihr denn verrückt geworden?«

Während alle so reden – es ist eine ziemliche Menschenmenge –, wird der Esel unruhig, so unruhig, dass er sich befreien kann und von der Brücke in den Fluss hinunter fällt. Die zwei Männer laufen zum Fluss hinab, doch der Esel ist bereits tot. Sie setzen sich ans Ufer des Flusses und der alte Mann sagt: »Jetzt hör mir zu …«

Das ist keine gewöhnliche Geschichte – der alte Mann war ein Sufi-Meister, ein Erleuchteter, und der junge Mann war sein Schüler. Der alte Meister versuchte seinem Schüler eine Lektion zu erteilen. Sufis sorgen dabei immer für eine entsprechende Situation; sie sagen, dass man nur in einer realen Situation wirklich lernen kann. Das war also nur ein Szenario, das zur Unterweisung des jungen Mannes gedacht war. Nun sagte der alte Mann also zu ihm: »Schau – genau wie dieser Esel wirst du zu Tode kommen, wenn du zu sehr auf die Leute hörst. Kümmere dich nicht um das, was die anderen sagen, denn es gibt Millionen von Menschen und sie alle haben ihre eigenen Vorstellungen und jeder wird etwas anderes sagen. Jeder hat seine eigene Meinung, und wenn du auf jede Meinung hörst, ist das dein Ende.«

Hört also nicht auf die anderen, sondern bleibt ihr selbst. Geht einfach an den anderen vorbei, seid gleichgültig. Wenn ihr auf die anderen hört, werden sie euch mal in diese und mal in jene Richtung drängen. Dann werdet ihr nie euer innerstes Zentrum erreichen.

Alle Menschen sind exzentrisch geworden. Dieses Wort ist sehr passend; es bedeutet »nicht im Zentrum«, und wir verwenden es für Menschen, die etwas neben der Spur sind. Doch *alle* Menschen sind heutzutage exzentrisch, nicht in ihrem Zentrum. Und die ganze Welt sorgt dafür, dass ihr exzentrisch werdet, denn jeder drängt euch in eine andere Richtung. Deine Mutter drängt dich nach Norden, dein Vater nach Süden; dein Onkel sagt dir das eine, dein Bruder das andere. Und deine Frau wird dich dazu drängen, noch mal in eine ganz andere Richtung zu gehen – jeder will dich irgendwohin drängen. Nach und nach kommst du dann an einen Punkt, an dem du nirgendwo bist. Du bleibst einfach an irgendeinem Kreuzungspunkt stehen, wo du von Norden nach Süden, von Süden nach Osten, von Osten nach Westen gedrängt wirst, ohne irgendwohin zu gelangen. Nach und nach wird das zu deinem gesamten Leben – du wirst exzentrisch. Das ist die Situation. Und wenn du weiter auf andere hörst und nicht auf dein inneres Zentrum, wird es immer so weitergehen.

Der Sinn aller Meditation ist, sich zu zentrieren; nicht mehr exzentrisch zu sein, sondern im eigenen Zentrum anzukommen.

Lausche auf deine innere Stimme, fühle sie und folge deinem Gefühl. Nach und nach wirst du dann in der Lage sein, über die Ansichten der anderen zu lachen oder sie einfach zu ignorieren. Und sobald du zentriert bist, wirst du zu einem kraftvollen Wesen; dann kann dich niemand mehr irgendwohin drängen – niemand wird es mehr wagen. Wenn du in dir zentriert bist, wirst du zu solch einem Kraftfeld, dass jemand, der mit einer Meinung zu dir kommt, seine Meinung in deiner Nähe einfach vergessen wird. Jeder, der dich irgendwohin drängen wollte, wird vergessen, dass er gekommen war, um dich zu drängen. Stattdessen wird er sich von dir überwältigt fühlen, sobald er nur in deine Nähe kommt.

Auf diese Weise kann ein Mensch so kraftvoll werden, dass nicht einmal die gesamte Gesellschaft, die gesamte Geschichte, ihn einen einzigen Zentimeter bewegen kann. Auf diese Weise lebt ein Buddha, ein Jesus. Man kann einen Jesus kreuzigen, aber man kann ihn nicht aus seinem Zentrum verdrängen. Man kann seinen Körper vernichten, doch man kann ihn keinen Zentimeter bewegen. Nicht weil er hart oder stur ist – nein, er ist einfach in seinem eigenen Wesen zentriert. Er weiß, was gut für ihn ist, er weiß, was segensreich für ihn ist. Er hat es bereits gefunden, und nun kann man ihn nicht mehr zu neuen Zielen locken. Keine Verkaufstechnik kann ihn zu anderen Zielen locken. Er hat seine Heimat gefunden. Er kann dir geduldig zuhören, doch du wirst ihn nicht von der Stelle bewegen. Er ist zentriert.

Diese Zentrierung ist der erste Schritt, um natürlich und frei zu werden; wenn du nicht zentriert bist, dann kann dich jeder in jede beliebige Richtung drängen, sobald du versuchst, natürlich und frei zu sein. Aus diesem Grund erlauben wir unseren Kindern nicht, natürlich und frei zu sein; sie sind nicht reif genug dafür. Wenn sie natürlich und frei herumrennen dürfen, dann werden sie ihr Leben vergeuden. Daher sage ich, dass die Gesellschaft eine notwendige Aufgabe vollbringt: Sie gibt ihnen Schutz, indem sie sie mit einer Mauer umgibt. Kinder brauchen das, denn sie sind sehr verletzlich; sie könnten sonst von jedem beliebigen Menschen zerstört werden. Sie sind von einer Menschenmasse umgeben, und sie sind nicht in der Lage, ihren eigenen Weg zu finden. Sie brauchen erst einmal einen Charakterpanzer.

Doch wenn der Charakterpanzer zu deinem gesamten Leben wird, dann bist du verloren. Du solltest nicht zu der Mauer werden, die dich umgibt; du solltest der Herr darüber bleiben und in der Lage sein, deine Festung zu verlassen. Andernfalls ist sie kein Schutz mehr, sondern ein Gefängnis. Du solltest in der Lage sein, deinen Charakter hinter dir zu lassen. Du solltest in der Lage sein, deine Prin-

zipien auch mal beiseitezulegen. Du solltest in der
Lage sein, auf vollkommen neue Art und Weise zu
antworten, wenn die Situation es verlangt. Wenn dir
diese Fähigkeit verloren gegangen ist, wirst du steif
und unbeweglich und kannst nicht mehr locker und
frei sein. Wenn diese Fähigkeit verloren gegangen
ist, wirst du unnatürlich und unflexibel.

Flexibilität entspricht der Jugendlichkeit, Unbe-
weglichkeit entspricht dem Alter; je flexibler, desto
jünger, je steifer, desto älter. Der Tod ist vollkommene Steifheit, Starre. Das Leben ist vollkommene
Beweglichkeit, Flexibilität.

Daran solltet ihr euch immer erinnern.

Gehe vom Zentrum aus

Nach außen ist das Leben ein Wirbelsturm – ständi-
ger Konflikt, Aufruhr und Kampf. Doch das ist nur
die Oberfläche – so wie der Ozean an der Oberfläche Wellen hat, Brecher, Brandungslärm. Doch das
ist nicht die Gesamtheit des Lebens. Tief im Inneren gibt es auch ein Zentrum, das lautlos und still
ist, ohne Konflikt, ohne Kampf. Im Zentrum ist das
Leben ein stilles, entspanntes Fließen, ein Fluss, der
sich ohne Kampf, ohne Anstrengung, ohne Gewalt
vorwärtsbewegt. Du kannst dich mit der Oberfläche
identifizieren, mit dem Äußeren. Dadurch entstehen

Angst und Schmerz. Das ist genau das, was allen Menschen passiert ist; sie sind mit der Oberfläche identifiziert und mit dem Kampf, der dort herrscht.

Die Oberfläche muss voller Unruhe sein; daran ist nichts falsch. Doch erst wenn du im Zentrum verwurzelt bist, kannst du die Unruhe an der Oberfläche genießen; sie zeigt sich dann in ihrer ganz eigenen Schönheit. Wenn du im Inneren still sein kannst, werden alle Klänge im Äußeren melodisch. Dann ist nichts falsch daran; alles wird zu einem Spiel. Doch wenn du das innere Zentrum nicht kennst, den stillen Kern, wenn du vollkommen mit der Oberfläche identifiziert bist, dann wirst du wahnsinnig werden. Und beinahe jeder Mensch ist heute wahnsinnig.

Bei Techniken wie Yoga, Meditation oder Zen geht es im Grunde genommen einfach nur darum, den Kontakt mit dem Zentrum wiederherzustellen. Sie sind hilfreiche Wege nach innen, um die Peripherie zu vergessen, um die Peripherie eine Zeitlang hinter sich zu lassen und sich so tief in sein eigenes Wesen hinein zu entspannen, dass das Äußere verschwindet und nur das Innere bleibt. Sobald du weißt, wie du dich nach innen bewegen kannst, wie du dein Inneres betreten kannst, ist es nicht mehr schwer. Doch wenn du das nicht weißt, wenn du nur den Zustand kennst, bei dem der Verstand am Äußeren, an der Oberfläche klebt, ist es sehr schwierig.

Sich in sein inneres Selbst zu entspannen ist nicht schwer; doch zunächst einmal ist es schwierig, nicht an der Oberfläche kleben zu bleiben.

Ich habe einmal folgende Sufi-Geschichte gehört …

Es geschah einmal, dass ein Sufi auf Reisen war. Es war eine dunkle Nacht und er ging in die Irre. Es war so dunkel, dass er die Hand nicht mehr vor Augen sehen konnte. Plötzlich machte er einen Schritt und trat ins Leere. Er konnte sich gerade noch an einem Ast festhalten und sich so vor dem Absturz retten, doch er war sehr erschrocken. Er wusste nicht, was da unten in der Dunkelheit lag und wie tief der Abgrund war. Die Nacht war kalt.

Er rief um Hilfe, doch es war niemand da, der ihn hören konnte, nur seine eigene Stimme kam als Echo zu ihm zurück. Die Nacht war so kalt, dass seine Hände langsam eisig wurden, und er wusste, dass er den Ast früher oder später loslassen würde – es würde sehr schwer werden, sich festzuhalten. Er war bereits dabei, den Halt zu verlieren. Der Tod war nahe; jeden Moment konnte er fallen und sich den Hals brechen. Und dann kam der letzte Augenblick. Ihr könnt seine Angst und sein Entsetzen sicher nachvollziehen. Von Moment zu Moment kam der Tod näher, und dann kam der letzte Augenblick, in dem der Ast aus seiner Hand glitt. Er konnte sich nicht mehr halten, er fiel. Doch nachdem er gefallen war …

… begann er zu tanzen! Es gab keinen Abgrund, er stand auf festem Boden! Und dabei hatte er die ganze Nacht hindurch gelitten …

Das ist ein genaues Bild unserer Lage. Wir halten uns an der Oberfläche fest, voller Angst, dass wir verloren sind, sobald wir loslassen. Tatsächlich sind wir verloren, solange wir uns an der Oberfläche festhalten. Doch tief unten ist Dunkelheit, und wir können keinen Grund erkennen; alles, was wir sehen können, ist die Oberfläche.

Alle Meditationstechniken dienen dazu, euch so mutig und stark und abenteuerlustig zu machen, dass ihr aufhört, euch an der Oberfläche festzuhalten, und euch stattdessen in euer Inneres fallen lassen könnt. Was wie ein Abgrund aussieht, dunkel und bodenlos, ist in Wahrheit die Grundlage des Seins. Sobald ihr die Oberfläche verlasst, die Peripherie, landet ihr im Zentrum.

Zentrierung ist das Ziel von Meditation. Sobald du zentriert bist, kannst du dich wieder an die Oberfläche begeben und wirst doch ein vollkommen anderer Mensch sein. Die Qualität deines Bewusstseins wird sich vollkommen verändert haben. Dann kannst du dich zwar an die Peripherie begeben, doch du wirst nie mehr die Peripherie *sein* – du wirst im Zentrum bleiben. Und zentriert zu bleiben, während du mit Aktivitäten an der Oberfläche beschäftigt bist, ist wunderbar. Dann kannst du alles genießen; es wird zu einem wunderbaren Spiel. Dann herrschen keine Konflikte mehr; es ist alles nur ein Spiel. Dann wird das, was an der Oberfläche geschieht, keine Spannungen mehr in dir erzeugen, und es wird keine Angst und kein Leid mehr in dir geben.

Und immer wenn es dir zu viel und zu schwer wird, kannst du zur ursprünglichen Quelle zurückkehren – kannst du in das Zentrum deines Seins eintauchen. Dadurch wirst du erfrischt und verjüngt und kannst dann wieder zur Peripherie zurückkehren. Sobald du weißt, wie es geht, ist es kein langer Weg mehr. Du gehst nirgendwohin außer in dein eigenes Selbst, also ist der Weg nicht weit; es ist gleich um die Ecke. Das einzige Hindernis ist die Tatsache, dass du dich festhältst, dass du dich an der Peripherie festklammerst, voller Angst, dass du verloren bist, sobald du sie verlässt.

Diese Angst fühlt sich so an, als würdest du gleich sterben müssen. Sich ins innere Zentrum zu begeben ist in gewisser Weise auch ein Tod – ein Tod in dem Sinne, dass deine Identität an der Peripherie sterben muss und ein neues Gefühl für dein eigenes Sein daraus entsteht.

Lass das Machen

Wenn man Meditation in ein paar wenigen Worten erklären möchte, könnte man sagen, dass es sich um eine tiefe Entspannung ins eigene Selbst handelt, um vollkommene Entspannung ins eigene Selbst.

Wir sind ständig angespannt, wir halten fest, wir klammern uns an. Wir sind niemals entspannt, niemals in einem Zustand des Loslassens. Ständig *machen* wir etwas – dieses *Machen* ist das Problem. Wir sind nie in einem Zustand des Nicht-Tuns, in dem die Dinge einfach geschehen und in dem man einfach nur da ist, ohne etwas zu tun. Der Atem strömt ein und aus, das Blut zirkuliert, der Körper ist lebendig und pulsiert, der Wind weht rund herum, die Welt dreht sich rund herum – und du machst gar nicht, du bist kein Macher. Du bist einfach nur entspannt und lässt die Dinge geschehen.

Wenn die Dinge geschehen und du nichts machst, bist du vollkommen entspannt. Wenn du ein Macher bist und die Dinge nicht geschehen, sondern von dir manipuliert werden, dann bist du angespannt.

Ihr entspannt euch teilweise, wenn ihr schlaft, doch selbst diese Entspannung ist meist nicht vollständig. Selbst im Schlaf manipuliert ihr weiter, selbst im Schlaf lasst ihr die Dinge nicht einfach geschehen. Beobachtet mal einen Erwachsenen, der schläft – ihr werdet bemerken, dass sein Körper weiter angespannt bleibt. Und dann beobachtet mal ein kleines Kind, wenn es schläft – es ist vollkommen entspannt. Oder beobachtet ein Tier, zum Beispiel eine Katze – eine Katze ist immer entspannt. Ihr seid nicht einmal im Schlaf entspannt; ihr seid immer angespannt, immer am Strampeln, in Bewegung, im Kampf mit irgendetwas. In euren Gesichtern ist die Anspannung sichtbar. Selbst in euren Träumen seid ihr am Kämpfen oder am Verteidigen. In euren Träumen tut ihr dasselbe wie während des Wachens, wiederholt ihr dieselben Dramen. Ihr seid nicht entspannt, ihr seid nicht in einem tiefen Loslassen.

Das ist der Grund, warum das Schlafen für viele Menschen mehr und mehr zum Problem wird. Viele Psychologen sagen bereits, wenn der Trend so weitergeht, wird bald der Tag kommen, an dem kein Mensch mehr zu einem natürlichen Schlaf in der Lage ist. Man wird den Schlaf mit chemischen Mitteln induzieren müssen, weil niemand mehr auf natürliche Weise einschlafen kann. Dieser Tag ist nicht mehr fern. Die Menschen sind bereits auf dem Weg dorthin, weil sie selbst während des Schlafens nur teilweise schlafen, nur teilweise entspannt sind.

Meditation ist die tiefste Form von Schlaf. Meditation ist vollkommene Entspannung und noch etwas mehr, denn man ist vollkommen entspannt und gleichzeitig wach, bei Bewusstsein. Meditation ist vollkommener Schlaf plus Bewusstheit. Du bist vollkommen wach und die Dinge geschehen, doch du leistest keinen Widerstand, du kämpfst nicht, du machst nichts. Der Macher ist nicht vorhanden; der Macher ist eingeschlafen. Nur ein Beobachter ist noch vorhanden – Wachheit ohne Tun. Dann gibt es nichts, was dich stören könnte.

Wenn du weißt, wie du dich entspannen kannst, kann nichts dich stören. Wenn du nicht weißt, wie du dich entspannen kannst, wird alles dich stören – und zwar wirklich *alles*. Es ist dann nicht irgendetwas Bestimmtes, was dich stört, denn alles ist nur ein Vorwand.

Ihr seid fast immer in einem Zustand, in dem ihr euch leicht stören lasst. Wenn es nicht das eine ist, was euch stört, dann ist es eben etwas anderes, denn ihr seid bereit dafür, ihr habt eine Tendenz, euch stören zu lassen. Wenn alle äußeren Ursachen beseitigt sind, werdet ihr euch trotzdem noch gestört fühlen. Dann werdet ihr einfach irgendeine neue Ursache finden. Und wenn es im Äußeren nichts Störendes gibt, werdet ihr etwas im Inneren finden – irgendein Gedanke, eine Vorstellung – und schon werdet ihr euch wieder gestört fühlen. Doch das sind alles nur Vorwände.

Sobald du weißt, wie du dich entspannen kannst, wird nichts dich mehr stören können. Die Welt wird sich dafür nicht verändern müssen, die Dinge um dich herum müssen nicht anders sein – die Welt wird immer noch dieselbe sein. Doch du unterliegst nicht mehr derselben Tendenz, du unterliegst nicht mehr demselben Wahnsinn; du bist dann nicht mehr dauernd bereit, dich stören zu lassen. Dann wird alles, was um dich herum geschieht, beruhigend auf dich wirken – selbst der Verkehrslärm wirkt beruhigend, wenn du entspannt bist. Selbst der Lärm auf dem Marktplatz wirkt beruhigend. Es hängt nur von dir ab. Es ist eine innere Qualität.

Je mehr du dich in Richtung Zentrum bewegst, desto mehr Entspannung taucht auf, und je mehr du dich zur Peripherie bewegst, desto leichter wirst du dich gestört fühlen. Wenn du dich schnell gestört fühlst, zeigt das nur eins, nämlich dass du nahe der Peripherie lebst, und nichts anderes. Es ist ein Hinweis darauf, dass deine innere Heimat in der Nähe der Oberfläche liegt. Und das ist eine falsche Heimat, denn deine wahre Heimat liegt im Zentrum, im innersten Zentrum deines Seins.

Eine Zentrierungstechnik:
Das friedvolle Herz

Aus dem *Vigyan Bhairav Tantra* stammt die folgende Technik:

In einer Position, die bequem für dich ist, lass nach und nach tiefen Frieden in den gesamten Bereich zwischen deinen Achselhöhlen einziehen.

Das ist eine sehr einfache Technik, die aber äußerst wirksam ist – probiert es einfach mal aus. Jeder kann es ausprobieren – es ist keine Gefahr damit verbunden.

Der erste Schritt dabei ist, eine bequeme, entspannte Haltung einzunehmen – eine Haltung, die für dich entspannt und einfach ist. Versuche also nicht, irgendeine bestimmte Position einzunehmen. Buddha sitzt in einer bestimmten Haltung; sie ist einfach für ihn. Diese Haltung kann auch für dich einfach werden, wenn du sie eine Zeitlang praktizierst, doch am Anfang wird sie dir nicht besonders leichtfallen. Für diese Technik hier brauchst du nichts zu üben; beginne einfach mit irgendeiner Position, die dir leichtfällt. Zwinge dich nicht zu irgendeiner besonderen Haltung. Du kannst dich in einen bequemen Sessel setzen und dich entspannen. Die Hauptsache ist, dass dein Körper in einem entspannten Zustand ist.

Schließe dann einfach die Augen und nimm dich selbst wahr ... spüre deinen gesamten Körper. Beginne mit den Beinen – spüre, ob du in ihnen irgendeine Spannung wahrnehmen kannst oder nicht. Wenn du eine Spannung wahrnimmst, dann verstärke sie noch. Wenn du zum Beispiel eine Anspannung in deinem rechten Bein wahrnimmst, dann spanne es so stark wie möglich an. Bring die Spannung zu einem Höhepunkt – und dann lass die Spannung abrupt los, so dass du wahrnehmen kannst, wie die Entspannung sich ausbreitet. Geh von da aus den gesamten Körper durch und nimm wahr, wo sich etwas angespannt anfühlt. Wo immer du eine Anspannung spürst, verstärke sie – denn es ist einfacher, sich zu entspannen, wenn die Anspannung zuvor intensiv war. Ansonsten ist es viel schwieriger, weil du die Anspannung nicht wirklich spüren kannst. Es ist leicht, von einem Extrem ins andere zu wechseln, sehr leicht, weil jedes Extrem bereits die Voraussetzung für sein Gegenteil in sich trägt. Wenn du zum Beispiel Anspannung im Gesicht spürst, dann spanne alle Gesichtsmuskeln so stark wie möglich an, bring die Anspannung zu einem Höhepunkt, zu einem Punkt, an dem keine weitere Steigerung mehr möglich ist – und dann lass plötzlich los. Auf diese Weise kannst du dafür sorgen, dass alle Gliedmaßen und Körperteile entspannt sind.

Achte dabei besonders auf die Gesichtsmuskulatur, denn sie macht 90 Prozent unserer gesamten Anspannung aus – im restlichen Körper finden sich in der Regel nur 10 Prozent der gesamten Spannungen. Die meiste Anspannung kommt vom Verstand, und diese Spannungen schlagen sich im Gesicht nieder. Verzieh also dein Gesicht so stark wie möglich, genier dich nicht. Verzieh es zu intensiven Kummerfalten, Sorgenfalten – und dann lass plötzlich alles los.

Mach diese Übung mit dem Loslassen der Spannungen im Körper etwa fünf Minuten lang, so lange, bis du spürst, dass jeder Teil des gesamten Körpers entspannt ist. Jetzt bist du in einer vollkommen bequemen Haltung. Du kannst diese Übung im Sitzen machen oder im Liegen oder was immer sich für dich gut anfühlt.

In einer Position, die bequem für dich ist, lass nach und nach tiefen Frieden in den gesamten Bereich zwischen deinen Achselhöhlen einziehen.

Der zweite Schritt: Wenn du spürst, dass dein Körper in einer bequemen Position angekommen ist, dann gib ihm keine Aufmerksamkeit mehr. Nimm einfach wahr, dass der Körper entspannt ist, und dann vergiss ihn. Denn sobald du an den Körper denkst, bringt das eine gewisse Anspannung mit sich. Darum sage ich, dass du ihm keine weitere Aufmerksamkeit mehr geben sollst. Entspanne ihn und vergiss ihn. Vergessen ist Entspannung. Wenn du zu sehr an ihn denkst, dann sorgt genau das wieder für Anspannung.

Diese Tatsache ist dir vielleicht bisher noch nicht aufgefallen, doch es gibt ein einfaches Experiment dazu, das du ausprobieren kannst. Fühle zuerst deinen Puls, dann schließe die Augen und konzentriere dich fünf Minuten lang auf deinen Puls. Wenn du danach wieder den Puls fühlst, wird er schneller sein, denn die Aufmerksamkeit sorgt für Anspannung. Wenn ein Arzt bei dir den Puls fühlt, wird das nie zu einem korrekten Ergebnis führen – er wird in dieser Situation immer schneller sein als sonst. Denn sobald der Arzt deine Hand in die seine nimmt, ist deine Aufmerksamkeit geweckt.

Wann immer du deine bewusste Aufmerksamkeit zu irgendeinem Teil deines Körpers bringst, wird dieser sich anspannen. Wenn dich jemand beobachtet, bist du ebenfalls angespannt; der gesamte Körper verspannt sich. Wenn du allein bist, bist du entspannter. Sobald jemand den Raum betritt, bist du anders; der gesamte Körper arbeitet in einer höheren Schwingungslage. Du bist angespannt. Mach also kein allzu großes Ding aus der Entspannung, sonst kann es zu einer Obsession werden. Entspanne dich einfach fünf Minuten lang und dann vergiss deinen Körper. Dieses Vergessen ist hilfreich, denn es ermöglicht dem Körper eine tiefere Entspannung.

... lass nach und nach tiefen Frieden in den gesamten Bereich zwischen deinen Achselhöhlen einziehen.

Schließe die Augen und spüre den Bereich zwischen deinen beiden Achselhöhlen: den Herzbereich, die Brust. Spüre zunächst einfach den Bereich zwischen den Achselhöhlen mit deiner ganzen Aufmerksamkeit, deiner ganzen Bewusstheit. Vergiss den Rest deines Körpers, richte deine Aufmerksamkeit nur auf den Herzbereich zwischen den Achselhöhlen, deine Brust, und spüre, wie sie von großem Frieden erfüllt ist. In dem Augenblick, in dem sich der Körper entspannt, entsteht automatisch Frieden in deinem Herzen. Das Herz wird still, entspannt, harmonisch. Und wenn du den Rest deines Körpers einfach vergisst und deine Aufmerksamkeit ausschließlich auf deine Brust richtest und sie mit Frieden erfüllt wahrnimmst, dann wird dadurch sofort tiefer Frieden entstehen.

Es gibt gewisse Bereiche im Körper, bestimmte Zentren, in denen bestimmte Gefühle hervorgerufen werden können. Zwischen den Achselhöhlen befindet sich das Herzzentrum, und das Herzzentrum ist die Quelle allen Friedens, der in dir entsteht. Immer wenn du dich friedvoll fühlst, kommt dieser Frieden aus dem Herzen. Das Herz strahlt Frieden aus. Das ist der Grund, warum die Menschen in aller Welt, unabhängig von allen Unterschieden in Religion, Volk oder Kultur, davon ausgehen, dass Liebe im Bereich des Herzens entsteht. Es gibt dafür keine wissenschaftliche Erklärung. Doch wann immer du an Liebe denkst, denkst du an dein Herz. In Wahrheit ist es so, dass man einfach entspannt ist, wenn man liebt, und weil man entspannt ist, entsteht ein gewisser Frieden. Dieser Frieden entspringt aus dem Herzen. Dadurch wurden Herz und Liebe miteinander in Zusammenhang gebracht, miteinander verbunden. Wenn du liebst, bist du voller Frieden; wenn du nicht voller Liebe bist, bist du unruhig. Wegen dieses Friedens wurde das Herz mit Liebe in Verbindung gebracht.

Man kann also zwei Dinge tun. Man kann zuerst nach Liebe suchen und wird dann manchmal auch Frieden finden. Doch dieser Weg ist gefährlich, weil der Mensch, den du liebst, dabei wichtiger wird als du selbst. Und der andere Mensch ist natürlich nach wie vor von dir getrennt, und dadurch wirst du in gewisser Weise abhängig. Deshalb kann die Liebe manchmal Frieden schenken, aber nicht immer. Es wird zahlreiche Störungen geben, viele Augenblicke von Angst und Sorge, weil ein anderer Mensch in deine Welt getreten ist. Immer wenn ein anderer Mensch deine Welt betritt, wird notgedrungen eine Störung auftreten, weil du dem anderen nur auf der Oberfläche begegnen kannst. Die Oberfläche wird dadurch gestört. Nur manchmal, wenn zwei Menschen in tiefer Liebe miteinander verbunden sind, ohne Konflikt, nur dann werden beide vollkommen entspannt miteinander sein und ihre Herzen werden in tiefem Frieden erglühen.

Liebe kann euch also flüchtige Einblicke in die Natur von Frieden geben, doch keinen Frieden, der von Dauer ist, der tiefe Wurzeln hat. Liebe ermöglicht keinen dauerhaften Frieden, nur kurze Augenblicke. Und zwischen diesen Augenblicken wird es Abgründe voller Konflikt, Gewalt, Hass und Zorn geben.

Der andere Weg, Frieden zu finden, verläuft nicht über die Liebe, sondern direkt. Wenn du Frieden auf direktem Weg finden kannst – und das hier ist eine Technik dafür –, dann wird dein Leben von Liebe erfüllt sein. Doch die Qualität dieser Liebe wird eine andere sein. Sie wird nicht besitzergreifend sein, sie wird nicht auf eine einzelne Person fixiert sein. Sie wird nicht abhängig sein und sie wird niemanden von dir abhängig machen. Deine Liebe wird einfach nur liebevolles Mitgefühl sein, tiefe Empathie. Und dann kann niemand, nicht einmal ein Geliebter oder eine Geliebte, deinen Frieden stören, weil dieser Frieden bereits in dir verwurzelt ist und deine Liebe einfach nur als Abglanz dieses inneren Friedens entsteht. Das Ganze hat sich vollkommen umgekehrt.

Buddha liebt, doch seine Liebe enthält keine Angst. Wenn ihr liebt, leidet ihr, und wenn ihr nicht liebt, leidet ihr ebenfalls. Wenn ihr nicht liebt, leidet ihr unter der Abwesenheit von Liebe, und wenn ihr liebt, leidet ihr unter der Anwesenheit von Liebe. Ihr befindet euch auf der Oberfläche, und was immer ihr tut, kann euch nur eine vorübergehende Befriedigung schenken – und dann fallt ihr wieder in ein tiefes dunkles Tal.

Verwurzelt euch also zunächst einmal im Frieden. Dann seid ihr unabhängig, dann ist Liebe kein Bedürfnis mehr. Dann werdet ihr euch nicht mehr gefangen fühlen, wenn ihr liebt; dann werdet ihr nicht mehr das Gefühl haben, dass Liebe eine Art Abhängigkeit ist, eine Art von Sklaverei oder Gefangenschaft. Dann wird Liebe einfach nur zu einem Geben: Du hast so viel Frieden, dass du ihn teilen möchtest. Dann wird sie zu einem Geben ohne jeden Gedanken an Gegenleistung; sie wird bedingungslos. Und eines der Geheimnisse dabei ist, dass dir umso mehr Liebe zur Verfügung steht, je mehr du schenkst. Je mehr du gibst und teilst, desto mehr hast du davon. Je tiefer du in dein Schatzhaus gehst, das unendlich ist, desto mehr kannst du jedem Menschen geben. Denn es ist unerschöpflich.

Doch die Liebe muss als Abglanz des inneren Friedens zu dir kommen. Üblicherweise geschieht es umgekehrt: Der Frieden kommt nur als Abglanz der Liebe zu dir. Wenn Liebe als Abglanz des Friedens zu dir kommt, dann ist sie wundervoll. Andernfalls kann Liebe auch zu viel Disharmonie führen, kann sie zu einer Krankheit werden, zu einem Fieber.

... lass nach und nach tiefen Frieden in den gesamten Bereich zwischen deinen Achselhöhlen einziehen.

Werde dir des Bereichs zwischen deinen Achselhöhlen bewusst und spüre, dass dieser Bereich von tiefem Frieden erfüllt ist. Spüre einfach Frieden dort, und du wirst bemerken, dass der ganze Brustbereich davon erfüllt ist. Er ist immer von Frieden erfüllt, doch du warst dir dessen nie bewusst. Diese Übung dient einfach nur dazu, deine Wachheit zu erhöhen und dich deiner inneren Heimat näher zu bringen. Denn wenn du diesen Frieden spürst, bist du weiter weg von der Oberfläche. Natürlich passieren dort immer noch die verschiedensten Dinge – doch wenn du diese Übung machst und von Frieden erfüllt bist, dann wirst du dich von diesen Dingen weiter entfernt fühlen. Lärm schallt von der Straße herein, doch wie von Ferne, wie aus großer Distanz. Der Lärm ist da, doch er bewirkt keine Störung, sondern schenkt dir eine noch tiefere Stille.

Das ist das Wunder. Kinder spielen, jemand hört Radio, Menschen streiten sich – die ganze Welt dreht sich um dich herum, doch du fühlst eine große Distanz zwischen dir und der äußeren Welt. Diese Distanz entsteht dadurch, dass du von der Peripherie zurückgetreten bist. All diese Dinge geschehen an der Peripherie, an der Oberfläche, und es wird dir vorkommen, als würden sie irgendwo anders geschehen. Du bist nicht daran beteiligt. Nichts stört dich, also bist du nicht daran beteiligt – du hast es transzendiert. Das ist Transzendenz.

Und das Herz ist auf ganz natürliche Weise die Quelle dieses Friedens. Du musst dabei nichts machen. Du kommst einfach nur zu einer Quelle, die immer da ist. Es ist nicht so, dass diese Übung dein Herz mit Frieden erfüllt – sie macht dir einfach nur bewusst, dass dein Herz von Frieden erfüllt ist. Das ist der Unterschied zwischen der östlichen Einstellung und der westlichen Hypnose. Hypnotiseure glauben, dass all das nur durch die Vorstellungskraft hervorgebracht wird, während die östlichen Mystiker wissen, dass du dich einfach nur auf etwas einschwingst, was immer schon da war.

Was du nur mit deiner Vorstellungskraft erschaffst, kann nicht von Dauer sein. Und wenn es nicht wirklich real ist, dann ist es falsch, irreal, und du erzeugst einfach nur eine Halluzination. Dann wäre es besser, sich gestört zu fühlen und dabei real zu sein, als sich in einer Halluzination von Frieden zu befinden, denn das ist kein Wachstum. Das wäre einfach nur eine Illusion, wie bei einem Rausch. Und früher oder später müsstest du diesen Zustand wieder verlassen, denn früher oder später wird die Realität die Illusion zerstören. Die Realität wird alle Illusionen irgendwann zerstören – nur eine größere Realität kann nicht zerstört werden.

Eine größere Realität dagegen kann die Realität ersetzen, die an der Peripherie liegt. Daher behaupten Shankara und andere östliche Philosophen, dass die Welt Illusion sei. Das bedeutet nicht, dass die Welt nicht real ist, sondern dass sie eine größere, eine höhere Realität kennengelernt haben, und von dieser Höhe aus sieht die Welt hier unten aus wie ein Traum. Sie ist so weit entfernt, die Distanz ist so unendlich groß, dass sie sich nicht real anfühlt. Der Lärm auf der Straße fühlt sich dann so an, als würde man nur davon träumen – er ist nicht real. Er berührt dich nicht. Er taucht auf und geht vorbei und du bleibst unberührt davon. Und wenn du von der Realität unberührt bleibst, wie kannst du dann das Gefühl haben, dass sie real ist? Die Realität wird nur als solche wahrgenommen, wenn sie dich tief berührt, wenn sie tief in dich eindringt. Je tiefer die Konfrontation, desto mehr nimmst du sie als real wahr.

Shankara sagt, dass die ganze Welt irreal sei. Er muss an einem Punkt angelangt gewesen sein, an dem die Entfernung so groß war, so ungeheuer groß, dass alles, was im Außen geschah, nur wie ein Traum für ihn war. Die Welt befand sich um ihn herum, doch sie erschien ihm irreal, weil sie ihn nicht berührte, weil sie keine Wirkung auf ihn hatte. Wirksamkeit ist ein Maß für Realität. Wenn ich einen Stein auf dich werfe, trifft er dich. Der Treffer hat eine Wirkung auf dich, und diese Wirkung macht den Stein real. Wenn ich einen Stein auf dich werfe und der Stein dich trifft, aber keine Wirkung auf dich hat, dann wirst du zwar das Auftreffen des Steins spüren, doch es wird dich nicht stören. Dann wirst du das Ganze als irreal, als illusorisch empfinden.

Doch ihr seid so nahe an der Peripherie, dass es euch verletzt, wenn ich einen Stein auf euch werfe. Und ich spreche dabei nicht von der körperlichen Verletzung – der Körper wird auf jeden Fall verletzt. Wenn ich Buddha mit einem Stein bewerfe, wird sein Körper dadurch genauso verletzt wie deiner. Doch Buddha befindet sich nicht an der Peripherie, er ist im Zentrum verwurzelt. Und die Entfernung ist so groß, dass er zwar das Auftreffen des Steines spürt, dadurch aber nicht verletzt wird. Sein Sein bleibt unberührt davon, unverletzt. Dieses unverletzte Wesen nimmt es so wahr, als wäre der Stein nur in einem Traum geworfen worden. Daher sagt Buddha, dass nichts Substanz habe, dass alles »ohne Substanz« sei. Die Welt ist ohne Substanz – was dasselbe ist wie die Aussage von Shankara, dass die Welt eine Illusion ist.

Probiert es einfach mal aus. Wann immer es euch gelingt, zu spüren, dass tiefer Frieden euer Herzzentrum, den Bereich zwischen den Achselhöhlen, erfüllt, wird die Welt illusorisch wirken. Das ist ein Zeichen dafür, dass ihr den Raum von Meditation betreten habt – wenn die Welt sich illusorisch anfühlt. *Denkt* nicht, dass die Welt eine Illusion ist, denn es bringt nichts, es zu denken – ihr müsst es *fühlen*. An irgendeinem Punkt wird euch plötzlich auffallen: »Was ist nur mit der Welt passiert?« Die Welt fühlt sich plötzlich an wie ein Traum, wie eine traumgleiche Illusion ohne Substanz. Sie wirkt zwar real, aber nur wie ein Film auf der Leinwand. Sie kann sogar dreidimensional sein. Sie sieht echt aus, und doch ist sie nur projiziert.

Nicht dass die Welt tatsächlich nur projiziert wäre, nicht dass sie tatsächlich nicht real wäre – nein, das ist damit nicht gemeint. Die Welt ist real – doch es kann eine Distanz dazu entstehen, und diese Distanz wird größer und größer. Und ob diese Distanz größer wird oder nicht, kannst du daran merken, wie du dich in Bezug auf die Welt fühlst. Das ist das Kriterium. Es ist ein meditatives Kriterium. Es stimmt natürlich nicht, dass die Welt nicht real ist – doch wenn die Welt für dich nicht mehr real ist, bist du in deinem Sein, in deinem inneren Selbst, zentriert. Dann ist der Abstand zwischen dir und der Oberfläche so groß, dass du die Oberfläche wie etwas Objektives, Äußeres betrachten kannst, etwas, das nichts mit dir zu tun hat. Dann bist du nicht mehr damit identifiziert.

Diese Technik ist sehr einfach und kostet nicht viel Zeit. Manche Menschen können bereits beim ersten Versuch die Schönheit und das Wunder dieser Technik erleben. Probiert es also einfach mal aus. Und wenn ihr beim ersten Versuch noch nichts spürt, dann seid nicht enttäuscht. Wartet einfach ab und macht weiter mit der Übung. Sie ist so einfach, dass man sie in jedem Moment machen kann. Man kann sie nachts im Bett machen oder am Morgen beim Aufwachen. Mach einfach jeden Morgen diese Übung, bevor du aufstehst. Zehn Minuten reichen vollkommen aus. Und mach sie auch jeden Abend vor dem Einschlafen. Lass die Welt unwirklich werden, und dein Schlaf wird so tief sein wie nie zuvor. Wenn die Welt unmittelbar vor dem Einschlafen unwirklich wird, wirst du weniger träumen, denn wenn die Welt zum Traum geworden ist, können die Träume im Schlaf nicht einfach weitergehen. Und wenn die Welt unwirklich ist, bist du vollkommen entspannt, denn die Realität der Welt wird sich nicht mehr auf dich auswirken, wird nicht mehr auf dich einhämmern.

Diese Technik ist also gut für Menschen, die unter Schlaflosigkeit leiden. Sie hilft ungemein. Wenn die Welt unwirklich ist, lösen sich alle Spannungen auf. Wenn du dich von der Peripherie wegbewegen kannst, bist du bereits in einen tiefen Schlafzustand gefallen – noch ehe du eingeschlafen bist, befindest du dich bereits in tiefem Schlaf. Und am Morgen fühlt es sich wunderbar an, weil du dich frisch und jung fühlst, voll vibrierender Energie. Das liegt daran, dass du eben erst vom Zentrum zur Peripherie zurückgekehrt bist.

Im Augenblick des Erwachens – wenn du gerade aus dem Schlaf erwacht bist –, öffne nicht gleich die Augen. Mach erst zehn Minuten lang diese Übung, und dann öffne die Augen. Nach einer Nacht voll Schlaf ist der Körper entspannt und fühlt sich frisch und lebendig an. Du bist bereits entspannt, also wird die Übung nicht lange dauern. Entspann dich einfach. Bring deine Aufmerksamkeit zum Bereich deines Herzens, zwischen den Achselhöhlen, und fühle, wie er von tiefem Frieden erfüllt ist. Bleibe zehn Minuten lang in diesem Frieden und öffne dann erst die Augen.

Dann wird sich die Welt vollkommen anders anfühlen, weil dieser Frieden auch aus deinen Augen strahlt. Den ganzen Tag über wirst du dich anders fühlen. Und du wirst dich nicht nur anders fühlen, sondern auch feststellen, dass sich die anderen dir gegenüber anders verhalten.

Bei jeder Begegnung trägst du etwas zu der Beziehung bei. Wenn dein Beitrag sich verändert, werden auch die anderen sich anders verhalten, weil sie spüren, dass du ein anderer Mensch bist. Sie sind sich dessen vielleicht nicht einmal bewusst. Doch wenn du von Frieden erfüllt bist, werden sich alle dir gegenüber anders verhalten. Sie werden liebevoller und netter sein, sie werden dir weniger Widerstand entgegenbringen, sie werden offener sein, sie werden dir näher kommen. Es ist, als ob ein Magnet in dir wäre. Frieden wirkt wie ein Magnet.

Wenn du unausgeglichen bist, fühlen sich alle abgestoßen. Doch wenn du voller Frieden bist, kommen die Menschen dir näher. Dieses Phänomen wirkt sich auch auf der physischen Ebene so stark aus, dass du es ganz leicht beobachten kannst. Wenn du voller Frieden bist, wirst du feststellen, dass alle dir nahe sein wollen, weil dieser Frieden ausstrahlt, weil er eine Schwingung um dich herum erzeugt. Konzentrische Kreise voller Frieden werden von dir ausgehen, und jeder, der in deine Nähe kommt, möchte dir noch näher sein – als würden alle den Schatten eines Baumes suchen, um sich darin zu entspannen.

Ein Mensch, der voll innerem Frieden ist, verbreitet diesen Frieden um sich herum. Wo immer er ist, werden andere sich ihm nähern, werden alle offener, vertrauensvoller. Ein Mensch voll innerem Aufruhr, voll Konflikt, Angst, Sorge und Anspannung stößt andere ab. Wer ihm nahe kommt, bekommt Angst, denn solch ein Mensch ist gefährlich. In seiner Nähe zu sein ist gefährlich.

Man kann nur das geben, was man hat, und das gibt man ständig. Wenn du also jemanden liebst, aber in deinem Inneren sehr unausgeglichen und in Aufruhr bist, dann wird selbst dein Liebster oder deine Liebste sich abgestoßen fühlen. Sie werden vor dir Reißaus nehmen, weil du ihre Energie aufzehrst und sie sich in deiner Nähe nicht glücklich fühlen. Und wenn du die anderen verlässt, lässt du sie müde und erschöpft zurück, weil du keine lebenspendende Quelle in dir trägst; stattdessen trägst du eine destruktive Energie in dir.

Nicht nur du selbst wirst dich also anders fühlen, auch die anderen werden wahrnehmen, dass du anders bist.

Dein ganzer Lebensstil wird sich verändern, wenn du nur ein bisschen weiter zum Zentrum vordringst – ebenso wie deine gesamte innere Haltung und das Ergebnis all deiner Handlungen. Wenn du voller Frieden bist, wird auch die Welt voller Frieden dir gegenüber sein. Es ist wie ein Spiegel. Was immer du bist, wird dir von den anderen zurückgespiegelt. Jeder wird zum Spiegel für dich.

Die Geschichte von Mann und Frau

Es ist eines der seltsamsten Phänomene der menschlichen Geschichte, dass Männer und Frauen schon seit Jahrtausenden zusammenleben und sich doch fremd geblieben sind. Sie haben zusammen Kinder, und doch bleiben sie sich fremd. Die weibliche und die männliche Lebensweise stehen einander so diametral gegenüber, dass es ohne bewusste Anstrengung, ohne Meditation, keine Hoffnung auf Frieden zwischen den Geschlechtern gibt.

Eines meiner tiefsten Anliegen ist, dass Liebe und Meditation sich so miteinander verbinden, dass jede Liebesbeziehung automatisch zu einer Partnerschaft in Meditation wird – und jede Meditation zu so viel Bewusstheit führt, dass sie auch die Liebe auf ein höheres Niveau hebt.

Eure Liebe wird sich parallel zu eurer Meditation vertiefen und umgekehrt: So wie eure Meditation erblüht, wird auch eure Liebe erblühen. Doch dabei handelt es sich um eine vollkommen andere Ebene.

Du bist mit deinem Ehemann nicht in Meditation verbunden. Ihr sitzt nie still eine Stunde lang zusammen, um einfach nur die Bewusstheit des anderen zu spüren. Entweder streitet ihr euch oder ihr habt Sex miteinander, doch in beiden Fällen seid ihr nur mit dem Körper, dem physischen Anteil, dem biologischen Anteil, den Hormonen in Beziehung. Ihr seid nicht in Beziehung mit dem innersten Kern des anderen. Eure Seelen bleiben getrennt.

In den Tempeln, den Kirchen und den Standesämtern werden nur eure Körper verheiratet. Eure Seelen sind meilenweit voneinander entfernt. Und wenn ihr Sex miteinander habt – selbst in diesen Augenblicken –, seid ihr beide gar nicht wirklich anwesend. Er denkt vielleicht an Kleopatra, an die schöne Helena von Troja oder an irgendeine Filmschauspielerin. Und du denkst ebenfalls an jemand anderen. Vielleicht ist das der Grund, warum die Frauen immer die Augen geschlossen halten – um nicht das Gesicht ihres Ehemannes zu sehen, um nicht in ihren Fantasien gestört zu werden. Denn sie denken vielleicht an Alexander den Großen oder an Iwan den Schrecklichen, und das alles würde sich auflösen, wenn sie ihren Partner ansehen würden, denn er sieht aus wie eine Maus.

Selbst in diesen intimen Augenblicken, die heilig, meditativ und voll tiefer Stille sein sollten … selbst dann seid ihr niemals allein miteinander. Stattdessen ist eine ganze Schar anderer Leute da. Du denkst an jemand anderen, und deine Frau denkt ebenfalls an jemand anderen. Dadurch ist das, was ihr tut, irgendwie mechanisch, wie bei zwei Robotern. Irgendeine biologische Kraft hat euch versklavt, und ihr nennt es Liebe.

Ich habe einmal eine Geschichte von einem Betrunkenen gehört, der am frühen Morgen am Strand entlang ging und einen Mann sah, der Liegestützen machte. Der Betrunkene ging um ihn herum, schaute ihn von dieser und von jener Seite an und sagte schließlich: »Eigentlich sollte ich mich in so einer delikaten Angelegenheit nicht einmischen, aber ich muss dir sagen, dass deine Freundin weg ist. Lass also die überflüssige Gymnastik – mach dich lieber auf und schau, wo sie abgeblieben ist!«

Genau so scheint die Sache zu laufen. Wenn ihr Sex habt, ist dann die Frau wirklich da? Ist der Mann wirklich da? Oder ist das einfach nur irgendeine Art von Ritual, eine Pflicht, die es zu erfüllen gilt, etwas, was einfach gemacht werden muss?

Wenn du dir eine harmonische Beziehung mit

deinem Partner wünschst, musst du lernen, meditativer zu werden. Liebe allein ist nicht genug. Liebe allein ist blind; erst die Meditation verleiht ihr Augen. Die Meditation schenkt ihr Verstehen. Und sobald sich in eurer Beziehung Liebe und Meditation verbinden, werdet ihr zu Reisegefährten. Dann ist es keine gewöhnliche Beziehung zwischen zwei Menschen mehr. Dann wird es eine Freundschaft auf dem Pfad zu den Mysterien des Lebens.

Für den Mann allein ist die Reise sehr lang und beschwerlich, ebenso wie für die Frau, wenn sie auf sich allein gestellt ist. So war es immer in der Vergangenheit. Angesichts des ständigen Konflikts zwischen Mann und Frau haben alle Religionen empfohlen, dass diejenigen, die einem spirituellen Pfad folgen wollen, das andere Geschlecht aufgeben sollten. Mönche sollten zölibatär leben, Nonnen sollten zölibatär leben. Doch wie viele Mönche und Nonnen sind in den letzten fünftausend Jahren tatsächlich erwacht? Weniger, als man an zehn Fingern abzählen kann. Und dabei gab es Millionen von Mönchen und Nonnen in allen Religionen – buddhistische, christliche, muslimische. Was also ist da falsch gelaufen?

Der Weg ist nicht wirklich lang. Das Ziel ist eigentlich gar nicht so weit entfernt. Doch selbst für den kurzen Weg zu deinem Nachbarn brauchst du beide Beine. Wie weit würdest du wohl kommen, wenn du nur auf einem Bein hüpfen könntest?

Mann und Frau gemeinsam, in einer tiefen Freundschaft, in einer liebevollen, meditativen Beziehung, als organisches Ganzes, können das Ziel in jedem Augenblick erreichen. Weil das Ziel nicht außerhalb von euch liegt; es ist vielmehr das Zentrum des Wirbelsturms, es ist der innerste Kern eures Selbst. Doch ihr könnt diesen Kern nur finden, wenn ihr ganz seid, und ohne den anderen seid ihr nicht ganz. Mann und Frau sind zwei Teile eines Ganzen.

Statt eure Zeit mit Kampf und Streit zu verschwenden, solltet ihr also lieber versuchen, einander zu verstehen. Versucht euch in den Standpunkt des anderen hineinzuversetzen. Versuche als Mann, die Welt wie eine Frau zu sehen; versuche als Frau, die Welt wie ein Mann zu sehen. Vier Augen sehen schließlich mehr als zwei – auf diese Weise habt ihr einen vollen Rundumblick, und alle vier Himmelsrichtungen stehen euch zur Verfügung.

Doch eins darf man dabei nicht vergessen: Ohne Meditation kann es nicht gelingen; Liebe allein kann das nicht erreichen. Anderen könnt ihr vielleicht etwas vormachen, doch euch selbst könnt ihr nichts vormachen. Tief im Inneren ist euch bewusst, dass sich all die Versprechungen, die die Liebe euch gemacht hat, nicht wirklich erfüllt haben.

Nur in Verbindung mit Meditation kann die Liebe neue Farben annehmen, kann eine neue Musik entstehen, ein neues Lied, ein neuer Tanz – weil Meditation es euch ermöglicht, den polaren Gegensatz zu verstehen, und in diesem Verstehen löst sich der Konflikt auf.

Jeder Konflikt in der Welt ist auf Missverständnisse zurückzuführen. Du sagst etwas, und deine Frau versteht etwas ganz anderes. Deine Frau sagt etwas, und du verstehst etwas ganz anderes. Ich habe schon Paare erlebt, die seit dreißig oder vierzig Jahren zusammenleben, und doch scheinen sie noch immer so unreif wie am allerersten Tag. Immer noch die gleichen Klagen: »Sie versteht einfach nicht, was ich sage.« Vierzig gemeinsame Jahre, und es ist dir nicht gelungen, herauszufinden, wie du etwas so sagen kannst, dass deine Frau genau weiß, was du meinst, und dass du genau verstehst, was sie sagen will.

Und ich glaube, das kann auch nicht gelingen, außer durch Meditation, weil Meditation die Qualitäten von Stille, Bewusstheit und geduldigem Zuhören schenkt, die Fähigkeit, sich in den Standpunkt des anderen hineinzuversetzen.

Die Auflösung des Konflikts ist durchaus möglich, doch wir haben bisher noch nicht das richtige Heilmittel, die richtige Medizin eingesetzt.

Ich möchte euch daran erinnern, dass das Wort Medizin von derselben Wurzel stammt wie das Wort Meditation. Medizin heilt den Körper, Meditation heilt die Seele. Medizin heilt den materiellen Teil des Menschen, Meditation heilt den spirituellen Teil.

Die Menschen leben zusammen und ihre Seelen sind voller Wunden; daher tun selbst kleine Dinge extrem weh.

Mulla Nasruddin hat mich einmal gefragt: »Was soll ich tun? Egal, was ich sage, immer werde ich missverstanden, und sofort gibt es Probleme.«

Ich sagte: »Versuch doch einmal, einfach still dazusitzen und nichts zu sagen.«

Am nächsten Tag kam er verzweifelter denn je zu mir zurück. Ich fragte: »Was ist passiert?«

Er antwortete: »Ich sollte dich nicht um deinen Rat bitten. Jeden Tag haben wir gekämpft und gestritten, aber das war nur auf der verbalen Ebene. Doch gestern, nach deinem Ratschlag, wurde ich geschlagen!«

Ich fragte noch einmal: »Was ist denn passiert?«

Er erwiderte: »Ich saß einfach nur still da. Sie hat mir viele Fragen gestellt, doch ich war entschlossen, still zu bleiben. Sie fragte: ›Du willst also nichts sagen?‹ Immer noch blieb ich still. Daraufhin hat sie angefangen, mit irgendwelchen Sachen auf mich einzuschlagen! Und sie war furchtbar wütend. Sie sagte: ›Das wird ja immer schlimmer. Bisher haben wir wenigstens noch miteinander gesprochen; jetzt reden wir nicht einmal mehr miteinander!‹«

Ich meinte: »Das ist wirklich schlimm.«

Er antwortete: »Du findest das schlimm? Die ganze Nachbarschaft hat sich versammelt, und sie haben gefragt: ‚Was ist los? Warum redest du nicht?‘ Und jemand hat sogar die Vermutung geäußert, dass ich von einem bösen Geist besessen sei. Ich dachte schon, jetzt bringen sie mich zu irgend so einem Idioten, der mich verprügelt und versucht, mir den bösen Geist auszutreiben. Also habe ich gesagt: ›Halt! Ich bin nicht von einem bösen Geist besessen, ich habe nur aufgehört zu reden, weil alles, was ich sage, immer nur zu Streit führt. Ich sage etwas, und darauf sagt meine Frau etwas, und darauf muss ich etwas erwidern, und niemand weiß, wo es endet.‹ Ich habe einfach nur still meditiert und niemandem etwas Böses getan – und plötzlich war die gesamte Nachbarschaft gegen mich!«

Die Menschen leben vor sich hin, ohne etwas zu verstehen. Daher muss einfach alles, was sie tun, in einem Desaster enden.

Wenn du einen Mann liebst, ist Meditation das größte Geschenk, das du ihm machen kannst. Wenn du eine Frau liebst, dann ist ein Diamantring gar nichts; Meditation ist ein weitaus wertvolleres Geschenk – denn es wird euer Leben in reine Freude verwandeln.

Wir sind zu reiner Freude fähig, aber wir wissen nicht, wie wir sie erreichen können. Sind wir allein, dann sind wir höchstens deprimiert. Sind wir zusammen, dann ist es die reinste Hölle! Selbst ein Mann wie Jean-Paul Sartre, jemand von großer Intelligenz, hat gesagt, dass die anderen die Hölle sind, dass es besser ist, allein zu sein, denn mit anderen zusammen geht es gar nicht. Er wurde so pessimistisch, dass er sagte, es sei unmöglich, mit einem anderen glücklich zu sein, denn die anderen sind die Hölle. Und im Allgemeinen hat er Recht.

Durch Meditation wird der andere zu deinem Himmel. Doch Jean-Paul Sartre hatte keine Ahnung von Meditation. Das ist das Unglück der Menschen im Westen. Sie verpassen das Erblühen des Lebens, weil sie nichts von Meditation wissen – und die Menschen im Osten verpassen es, weil sie nichts von Liebe wissen.

Für mich sind Liebe und Meditation genauso die zwei Hälften eines Ganzen wie Mann und Frau. Meditation repräsentiert das Männliche; Liebe steht für das Weibliche. In der Begegnung von Meditation und Liebe begegnen sich Mann und Frau. Und in dieser Begegnung ersteht das transzendentale menschliche Wesen, das weder Mann noch Frau ist.

Es gibt nicht viel Hoffnung für diese Erde, solange wir nicht das transzendentale menschliche Wesen hervorgebracht haben.

Das Liebesspiel als Meditation

Tantra ist stets missverstanden worden. Von gewöhnlichen Menschen kann es auch nicht verstanden werden; es muss von ihnen ganz einfach missverstanden werden. Tantra hat nichts mit Sex zu tun; es ist eine Form von Gebet. Wenn das Liebesspiel zu einer Meditation wird, zu einem Gebet – einfach eine Begegnung und Verbindung und Verschmelzung von Energien in einer meditativen Haltung –, dann hat es auch nichts mehr mit Spaß oder Spiel zu tun, sondern wird zur Andacht.

Hier ist eine tantrische Technik, um das Liebesspiel zur Meditation zu machen:

Wenn du zärtlich berührt wirst, gehe in der Berührung auf, als wäre sie immerwährendes Leben.

Bei dieser Technik geht es um die körperliche Liebe, denn sie ist diejenige eurer Erfahrungen, bei der ihr noch am meisten entspannt seid. Wenn du nicht lieben kannst, kannst du dich überhaupt nicht entspannen. Wenn du dich entspannen kannst, wird dein Leben zu einem liebevollen Leben.

Ein angespannter Mensch kann nicht lieben. Warum? Ein angespannter Mensch verfolgt immer irgendeine Absicht, ein Ziel. Ein angespannter Mensch kann Geld verdienen, aber nicht lieben, weil Liebe absichtslos ist. Liebe ist keine Ware. Man kann sie nicht horten, man kann sie nicht auf einem Bankkonto anlegen, man kann sein Ego damit nicht aufplustern. Liebe ist eigentlich ein absurder Akt, ohne weiterführende Ziele, ohne irgendeine Absicht dahinter. Sie existiert um ihrer selbst willen, nicht für irgendetwas anderes.

Du verdienst Geld *für* irgendetwas – es ist ein Mittel zum Zweck. Du baust ein Haus, damit jemand darin wohnen kann – es ist ein Mittel zum Zweck. Liebe ist kein Mittel zum Zweck. Warum liebt ihr euch? Wozu? Bei der Liebe geht es nur um die Liebe. Aus diesem Grund kann ein kalkulierender, logischer Verstand, ein Verstand, der in den Kategorien von Ziel und Zweck denkt, nicht lieben. Und ein Verstand, der immer in Kategorien von Ziel und Zweck denkt, ist angespannt, denn ein Ziel kann nur in der Zukunft erreicht werden, niemals hier und jetzt. Man baut ein Haus – noch kann man nicht darin wohnen, man muss es erst fertigstellen. In Zukunft kann man darin wohnen, aber nicht schon jetzt. Man verdient

Geld – das Bankguthaben entsteht in der Zukunft, nicht jetzt. Das Mittel ist in der Gegenwart, das Ziel wird erst in der Zukunft erreicht.

Liebe ist immer hier und jetzt, es gibt dabei keine Zukunft. Aus diesem Grund liegt Liebe so nah bei Meditation. Aus diesem Grund liegt auch der Tod so nah bei Meditation – denn auch der Tod geschieht immer im Hier und Jetzt, nicht in der Zukunft. Kannst du in der Zukunft sterben? Man kann nur in der Gegenwart sterben. Niemand ist jemals in der Zukunft gestorben. Wie könnte man in der Zukunft sterben? Oder in der Vergangenheit? Die Vergangenheit ist vorbei, sie ist nicht mehr, also kannst du darin auch nicht sterben. Der Tod geschieht immer in der Gegenwart. Liebe, Tod, Meditation – sie alle geschehen in der Gegenwart. Wenn du Angst vor dem Tod hast, kannst du nicht lieben. Wenn du Angst vor der Liebe hast, kannst du nicht meditieren. Wenn du Angst vor Meditation hast, wird dein Leben vergeblich sein. Vergeblich nicht im Sinne irgendeines Ziels, aber vergeblich in dem Sinne, das du niemals Glückseligkeit erfährst. Und dadurch wird dein Leben sinnlos.

Es mag euch seltsam erscheinen, dass ich diese drei, Liebe, Meditation und Tod, miteinander in Verbindung bringe. Doch es ist überhaupt nicht seltsam – es handelt sich um ähnliche Erfahrungen. Wenn du eine davon machen kannst, kannst du auch die beiden anderen Erfahrungen machen.

Bei dieser Technik hier geht es um Liebe. Die Anleitung dafür lautet so:

Wenn du zärtlich berührt wirst, gehe in der Berührung auf, als wäre sie immerwährendes Leben.

Was bedeutet das? Viele Dinge! Erstens: Im Liebesspiel gibt es weder Vergangenheit noch Zukunft. Du bewegst dich im *Jetzt*.

Warst du schon mal in jemanden verliebt? Wenn du jemals verliebt warst, dann weißt du, dass der Verstand dabei aufhört zu funktionieren. Darum heißt es so oft, dass Verliebte blind seien, kopflos, verrückt. Im Wesentlichen ist das richtig. Verliebte *sind* blind, weil sie keine Augen für die Zukunft haben; sie überlegen nicht, was sie in Zukunft tun werden. Sie sind blind; sie können auch die Vergangenheit nicht sehen. Was ist mit Verliebten passiert? Sie bewegen sich einfach nur im Hier und Jetzt, ohne an Vergangenheit oder Zukunft zu denken, ohne an irgendwelche Konsequenzen zu denken. Darum werden sie als blind bezeichnet. Sie sind es auch. Für jemanden, der plant und rechnet, sind sie blind – doch für alle, die nicht planen und rechnen, sind sie Sehende. Für den, der nicht plant und rechnet, ist die Sichtweise der Liebe richtig und wahr.

Erstens gilt also, dass Vergangenheit und Zukunft im Augenblick der Liebe nicht mehr existieren. Und darüber hinaus gilt es einen ganz besonderen Punkt zu verstehen. Wenn es keine Vergangenheit und keine Zukunft gibt, kann man dann diesen Augenblick als Gegenwart bezeichnen? Die Gegenwart existiert nur zwischen diesen beiden – zwischen Vergangenheit und Zukunft. Sie ist etwas Relatives. Wenn es keine Vergangenheit und keine Zukunft gibt, welche Bedeutung hat es dann, von Gegenwart zu sprechen? Es ist bedeutungslos. Darum verwendet Shiva nicht das Wort *Gegenwart*. Er spricht von *immerwährendem Leben*. Er meint Ewigkeit – man betritt die Ewigkeit.

Wir unterteilen die Zeit in drei Abschnitte – Vergangenheit, Gegenwart und Zukunft. Diese Unterteilung ist falsch, vollkommen falsch. Die Zeit besteht in Wirklichkeit nur aus Vergangenheit und Zukunft. Die Gegenwart ist kein Teil der Zeit. Die Gegenwart ist ein Teil der Ewigkeit. Was vergangen ist, ist Teil der Zeit, und das, was kommen wird, ist ebenfalls Teil der Zeit. Das, was *jetzt* ist, ist kein Teil der Zeit, weil es nie vergeht – es ist immer hier. Das Jetzt ist immer hier. Es ist immer hier! Dieses Jetzt ist ewig.

Wenn ihr euch einfach nur aus der Vergangenheit herausbewegt, landet ihr niemals in der Gegenwart. Aus der Vergangenheit bewegt man sich immer in die Zukunft; da gibt es keinen Augenblick, der gegenwärtig ist. Aus der Gegenwart kann man sich niemals in die Zukunft bewegen. Aus der Gegenwart geht man tiefer und tiefer in die Gegenwart, in mehr und mehr Gegenwärtigkeit. Das ist immerwährendes Leben.

Man kann es auch so ausdrücken: Die Zeit erstreckt sich von der Vergangenheit zur Zukunft. Zeit bedeutet, dass man sich auf einer Geraden bewegt, auf einer geraden Linie. Man kann diese Linie auch als Horizontale bezeichnen. In dem Augenblick, in dem man in der Gegenwart ankommt, verändert sich die Dimension: Man bewegt sich in der Vertikalen – aufwärts oder abwärts, in die Höhe oder in die Tiefe. Doch damit bewegt man sich nicht in der Horizontalen. Ein Buddha und ein Shiva leben in der Ewigkeit, nicht in der Zeit.

Jesus wurde einmal gefragt: »Was geschieht in deinem Reich Gottes?« Der Mann, der das fragte, wollte nichts über die Zeit wissen. Er wollte wissen, was mit seinen Wünschen passieren würde, ob sie erfüllt würden. Er wollte wissen, ob es dort ewiges Leben geben würde oder auch Tod; ob es irgendwelches Leid geben würde, ob es höhergestellte und niedergestellte Menschen geben würde. Er interessierte sich für die Dinge dieser Welt, als er fragte: »Was geschieht in deinem Reich Gottes?« Und Jesus gab ihm die Antwort – eine Antwort, die eines Zen-Mönchs würdig gewesen wäre: »Es wird keine Zeit mehr geben.«

Der Mann, der diese Antwort bekam, hat vermutlich nicht verstanden, was damit gemeint sein sollte. Jesus sagte »Es wird keine Zeit mehr geben«, weil die Zeit horizontal ist und das Reich Gottes vertikal; es ist ewig. Es ist immer da! Man muss nur die Zeit hinter sich lassen, um es zu betreten.

Liebe ist also die erste Tür. Durch diese Tür kannst du die Zeit hinter dir lassen. Aus diesem Grund sehnt sich jeder nach Liebe, möchte jeder lieben und geliebt werden. Doch dabei ist niemandem wirklich klar, warum der Liebe eine so große Bedeutung zugeschrieben wird, warum es eine so große Sehnsucht danach gibt. Wenn man das nicht verstanden hat, kann man weder lieben noch geliebt werden, weil Liebe eines der tiefgründigsten Phänomene dieser Welt ist.

Wir denken immer, dass jeder Mensch, so wie er ist, fähig ist zu lieben. Das ist aber nicht der Fall – so ist es nicht. Aus diesem Grund seid ihr so frustriert. Liebe gehört zu einer anderen Dimension, und wenn ihr versucht, jemanden in der Dimension der Zeit zu lieben, werden all eure Anstrengungen vergeblich sein. In der Dimension der Zeit ist Liebe nicht möglich.

Wenn ich nach vorn blicke, sehe ich eine Mauer; wenn ich nach oben blicke, sehe ich den Himmel. Wenn du in der Zeit schaust, wird immer irgendwo eine Mauer auftauchen. Wenn du jenseits der Zeit bist, schaust du in den offenen Himmel, der endlos ist. Liebe eröffnet die Endlosigkeit, die Ewigkeit des Lebens. Wenn du also jemals die Erfahrung von Liebe gemacht hast, kannst du aus dieser Erfahrung eine Meditationstechnik machen. Das ist die Technik: *Wenn du geliebt wirst, geh darin auf wie in immerwährendem Leben.*

Bleib als Liebender nicht außerhalb stehen, distanziert. Werde zum Lieben und begib dich in die Dimension des Ewigen. Wenn du jemanden liebst, bist du dann als Liebender noch vorhanden? Wenn du vorhanden bist, dann befindest du dich noch in der Zeit und bist noch nicht im Lieben angekommen. Wenn du noch vorhanden bist und sagen kannst: »Ich bin hier«, dann kannst du dem anderen zwar körperlich nahe sein, doch spirituell bist du um Welten entfernt.

Beim Lieben darfst *du* nicht mehr vorhanden sein – es gibt nur noch Liebe, nur noch Lieben. Werde zum Lieben. Wenn du den anderen liebevoll streichelst, werde zum Streicheln. Wenn du küsst, sei nicht der Küssende oder die Geküsste – sei der Kuss. Vergiss das Ego vollständig, lass es im Akt des Liebens aufgehen. Lass dich so tief ins Handeln fallen, dass es keinen Handelnden mehr gibt. Wenn du beim Lieben nicht vollständig eins mit deinem Tun werden kannst, dann ist es beim Essen oder beim Gehen noch viel schwieriger – extrem schwierig, denn das Lieben ist der einfachste Zugang zur Auflösung des Ego. Das ist der Grund, warum Egoisten nicht lieben können. Sie reden vielleicht über Liebe, sie singen vielleicht darüber, sie schreiben vielleicht darüber, doch sie können nicht lieben. Das Ego kann nicht lieben.

Werde zum Lieben. Wenn du umarmst, werde zur Umarmung, werde zum Kuss. Vergiss dich selbst so vollständig, dass du sagen kannst: »Mich gibt es nicht mehr. Nur noch Liebe existiert.« Dann ist es nicht das Herz, das schlägt, sondern Liebe. Dann ist es nicht das Blut, das durch den Körper zirkuliert, sondern Liebe. Und es sind nicht die Augen, die sehen, sondern die Liebe sieht. Und es sind nicht die Hände, die sich bewegen und berühren, es ist die Liebe, die berührt.

Werde zu Liebe und geh ein in die Dimension immerwährenden Lebens. Liebe verändert unmittelbar die Dimension, in der du dich befindest. Du wirst aus der Dimension der Zeit herausgeworfen und stehst der Ewigkeit gegenüber. Liebe kann zu einer tiefen Meditation werden – so tief, wie es nur möglich ist. Liebende haben so manches Mal schon erkannt, was selbst Heilige nicht erkannt haben. Liebende haben berührt, was selbst zahlreiche Yogis übersehen haben. Doch es bleibt nur ein flüchtiger Einblick, wenn es euch nicht gelingt, eure Liebe in Meditation zu transformieren. Tantra bedeutet genau das: die Transformation von Liebe in Meditation. Jetzt könnt ihr auch verstehen, warum Tantra so viel von Liebe und Sexualität spricht. Warum? Weil Liebe der einfachste natürliche Weg ist, um diese Welt, die horizontale Dimension, zu transzendieren.

Schaut euch die Bilder von Shiva und seiner Gefährtin Devi aus dem Osten an. Schaut euch die beiden genau an! Sie scheinen nicht mehr zwei zu sein – sie sind eins. Diese Einheit ist so umfassend, dass sie sogar zu einer Symbolfigur geworden ist. Ihr habt bestimmt schon einen *Shiva Lingam* gesehen. Es ist ein Phallussymbol – Shivas Penis – doch er ist nicht für sich allein, er ist in Devis Vagina gebettet. Die alten Hindus waren in dieser Hinsicht sehr verwegen. Wenn man heute einen Shiva Lingam sieht, denkt man nicht mehr daran, dass es sich um ein Phallussymbol handelt. Wir haben es vergessen; im Grunde haben wir versucht, es vollständig zu verdrängen.

Carl Jung erzählt in seiner Autobiographie, in seinen Memoiren, eine sehr schöne und witzige Geschichte. Er reiste einmal nach Indien und besuchte Konark, und im Tempel von Konark befinden sich sehr, sehr viele Shiva Lingams, viele Phallussymbole. Der Gelehrte, der ihn herumführte, erklärte ihm alles bis auf die Shiva Lingams. Dabei gab es so viele davon, dass es schwierig war, sie zu übersehen. Jung war sich der Situation durchaus bewusst, doch um den Gelehrten in Verlegenheit zu bringen, fragte er: »Und was stellen diese Symbole hier dar?« Da flüsterte der Gelehrte Jung ins Ohr: »Bitte fragen Sie mich nicht hier, ich werde es Ihnen nachher erklären. Das ist eine sehr vertrauliche Sache.«

Jung muss innerlich geschmunzelt haben – so sind die Hindus heute. Außerhalb des Tempels sagte der Gelehrte zu ihm: »Es war nicht gut, dass Sie im Tempel vor den anderen danach gefragt haben. Ich werde es Ihnen jetzt erklären. Es ist ein Geheimnis.« Und dann flüsterte er wieder in Jungs Ohr und sagte: »Es handelt sich um unsere Intimteile.«

Als Jung nach Europa zurückgekehrt war, traf er einen großen Gelehrten – einen Experten für östliche Mythologie und Philosophie, Heinrich Zimmer. Er erzählte ihm diese Anekdote. Zimmer war einer der begabtesten Köpfe, die jemals versucht haben, das indische Gedankengut zu verstehen. Er liebte Indien und seine Denkweise – den östlichen, nicht-logischen, mystischen Zugang zum Leben. Als er Jungs Geschichte hörte, lachte er und sagte: »Das macht einen Unterschied. Ich habe immer von großen Indern gehört – Buddha, Krishna, Mahavira. Doch was du da erzählst, sagt etwas über die ganz gewöhnlichen Inder aus.«

Liebe ist das große Tor. Für die tantrische Sichtweise ist Sexualität nichts, was man verdammen sollte. Für Tantra ist Sexualität der Samen und Liebe die Blüte, und wenn man den Samen verdammt, verdammt man die Blüte. Sexualität kann zur Liebe werden. Wenn sie niemals zur Liebe wird, ist sie verkrüppelt. Ihr könnt die Tatsache beklagen, dass sie verkrüppelt ist, doch verurteilt nicht die Sexualität. Die Liebe muss erblühen, Sexualität muss zu Liebe werden. Wenn sie nicht zu Liebe wird, ist nicht die Sexualität schuld daran, sondern ihr seid schuld daran.

Sexualität darf nicht einfach nur Sexualität bleiben; das ist die tantrische Lehre. Sie muss in Liebe transformiert werden. Und auch die Liebe darf nicht einfach nur Liebe bleiben; sie muss zu Licht werden, zu meditativer Erfahrung, sie muss in den letzten, höchsten mystischen Gipfel transformiert werden. Wie transformiert man Liebe? Werde zum Handeln und vergiss den Handelnden. Wenn du liebst, dann sei Liebe – einfach nur Liebe. Dann ist es nicht deine Liebe oder meine Liebe oder die Liebe von irgendjemandem sonst – sondern einfach nur Liebe. Wenn *du* nicht mehr vorhanden bist, wenn du eins bist mit der ursprünglichen Quelle, mit dem ursprünglichen Fluss, dann bist es nicht mehr *du*, der liebt. Wenn die Liebe dich vollkommen verschlungen hat, dann bist du verschwunden, dann bist du einfach nur zu fließender Energie geworden.

D.H. Lawrence, einer der kreativsten Geister des Jahrhunderts, war bewusst oder unbewusst ein tantrischer Meister. Er wurde im Westen vollkommen verurteilt und seine Bücher wurden verboten. Es gab zahlreiche Gerichtsverhandlungen gegen ihn, denn er hatte gesagt: »Die sexuelle Energie ist die einzige Energie, die es gibt; wenn man sie verurteilt und unterdrückt, handelt man gegen das Universum. Dann wird man niemals fähig, das Erblühen dieser Energie zu etwas Höherem zu erfahren. Und wenn diese Energie unterdrückt wird, wird sie abstoßend – das ist ein Teufelskreis.«

Priester, Moralprediger und andere sogenannte religiöse Leute verurteilen die Sexualität. Sie sagen, dass sie etwas Abstoßendes sei. Wenn man sie unterdrückt, wird sie tatsächlich abstoßend. Und dann sagen sie: »Schaut! Was wir gesagt haben, ist richtig. Hier ist der Beweis. Schaut nur! Was ihr macht, ist

abscheulich, und ihr wisst, dass es abscheulich ist.«
Doch es ist nicht die Sexualität, die abstoßend ist,
es sind die Priester, die sie zu etwas Abstoßendem
gemacht haben. Und nachdem sie sie zu etwas Ab-
scheulichem gemacht haben, erweist sich ihre Aussage natürlich als wahr. Und da sie sich dadurch im
Recht fühlen, verurteilen sie sie umso mehr und machen sie dadurch nur immer noch abstoßender und
abscheulicher.

Sexualität ist unschuldige Energie – Leben, das
in euch fließt, die Existenz, die in euch lebendig ist.
Verkrüppelt sie nicht! Erlaubt ihr, sich zu bewegen
und aufzusteigen. Sexualität muss zu Liebe werden.
Worin besteht der Unterschied? Auf der sexuellen
Ebene benutzt man den anderen; der andere ist einfach nur ein Objekt, das benutzt und weggeworfen
wird. Wenn Sexualität zu Liebe wird, ist der andere
kein Objekt mehr; dann wird der andere nicht mehr
ausgebeutet. Der andere ist nicht mehr wirklich ein
anderer, nicht mehr getrennt von dir. Wenn du liebst,
bist du nicht mehr ichbezogen. Stattdessen wird der
andere zu einem wichtigen, einzigartigen Wesen.

Du beutest den anderen nicht mehr aus – vielmehr seid ihr in einer tiefen Erfahrung miteinander
verbunden. Ihr seid Gefährten in einer tiefen Erfahrung, und nicht Ausbeuter und Ausgebeuteter. Ihr
unterstützt euch gegenseitig darin, in eine andere

Welt, die Welt der Liebe, einzutreten. Sex ist Ausbeutung. Liebe bedeutet, gemeinsam eine andere Welt zu betreten.

Wenn diese Erfahrung nicht auf einen kurzen Augenblick beschränkt bleibt, wenn sie meditativ wird – wenn ihr euch vollkommen vergessen könnt und Liebender und Geliebte sich vollkommen auflösen, wenn einfach nur noch Liebe fließt – dann, so sagt Tantra, ist immerwährendes Leben euer.

TEIL IV

Meditationen für den Alltag

In der Vergangenheit herrschte immer die irrige Annahme, dass man zwanzig Minuten am Tag meditieren sollte oder vielleicht auch drei Mal am Tag
oder fünf Mal am Tag. Die grundlegende Idee dabei war jedenfalls, jeden Tag eine bestimmte Zeit
der Meditation zu widmen. Doch was macht ihr in
den restlichen dreiundzwanzig Stunden und vierzig
Minuten? Zweifellos etwas Nicht-Meditatives. Und
dann geht natürlich alles, was ihr in den zwanzig
Minuten gewonnen habt, in der übrigen Zeit wieder
verloren.

Ich möchte deshalb, dass ihr das Thema Meditation von einem vollkommen anderen Standpunkt
aus betrachtet. Ihr könnt Meditation in zwanzig oder
vierzig Minuten lernen – Lernen ist das eine –, doch
dann müsst ihr das, was ihr gelernt habt, tagein, tag-

aus anwenden. Meditation muss zu etwas so Selbstverständlichem werden wie der Herzschlag.

Natürlich und einfach

Wann immer du etwas Zeit hast, entspanne einfach für ein paar Minuten deine Atmung, nichts anderes – es besteht keine Notwendigkeit, den ganzen Körper zu entspannen. Zum Beispiel, wenn du im Zug sitzt oder im Flugzeug oder im Auto – niemandem wird auffallen, dass du etwas Besonders machst. Entspanne einfach nur deine Atmung. Lass sie einfach so sein, wie sie natürlicherweise funktioniert, ohne etwas zu verändern. Dann schließe die Augen und beobachte den Atem, wie er einströmt und ausfließt, einströmt und ausfließt ...

Versuche nicht, dich zu konzentrieren! Wenn du dich konzentrierst, bringst du dich in Schwierigkeiten, denn dann kann alles um dich herum zu einer Störung werden. Wenn du versuchst, dich zu konzentrieren, während du im Auto sitzt, wird das Geräusch des Autos zu einer Störung, deine Beifahrer werden zu einer Störung, der Verkehr wird zu einer Störung.

Meditation ist nicht dasselbe wie Konzentration. Meditation ist einfach nur bewusstes Gewahrsein. Du entspannst dich einfach und beobachtest den Atemfluss. In diesem Beobachten ist nichts ausgeschlossen. Das Auto brummt – das ist vollkommen in Ordnung, akzeptiere es. Der Verkehr fließt vorbei – das ist in Ordnung, das alles ist Teil des Lebens. Der Beifahrer, der neben dir sitzt und schnarcht – akzeptiere es. Nichts wird abgelehnt.

Die Wahrheit lässt sich nicht verleugnen. Es ist besser, ihr ins Gesicht zu schauen, es ist besser, sie zu akzeptieren und mit ihr zu leben. Sobald du anfängst, ein Leben in Wahrheit zu führen, voller Authentizität, mit deinem ursprünglichen Gesicht, werden alle Probleme nach und nach verschwinden, weil die inneren Konflikte sich auflösen und du nicht mehr innerlich zerrissen bist. Dann wird deine Stimme diese innere Einheit widerspiegeln; dein ganzes Wesen wird zu einem Orchester. Im Moment ist es ganz anders: Wenn du etwas sagst, sagt dein Körper etwas anderes; während deine Zunge das eine sagt, sagen deine Augen gleichzeitig etwas anderes.

Oft kommen Leute zu mir, und wenn ich sie frage: »Wie geht es euch?«, dann sagen sie: »Wir sind sehr, sehr glücklich.« Und ich kann es nicht glauben, weil ihre Gesichter so trübsinnig sind – keine Freude, kein

Entzücken! Ihre Augen besitzen keinen Glanz, kein Licht. Und wenn sie sagen: »Wir sind glücklich«, dann klingt selbst das Wort »glücklich« nicht besonders glücklich. Es klingt, als müssten sie es aus sich herauszerren. Ihr Tonfall, ihre Stimme, ihr Gesicht, die Art, wie sie sitzen oder stehen – alles spricht eine andere Sprache, alles straft ihre Worte Lügen.

Beobachte einfach mal die Menschen um dich herum. Beobachte sie, wenn sie sagen, sie seien glücklich. Achte auf die feinen Hinweise. Sind sie wirklich glücklich? Und sofort wirst du bemerken, dass ein Teil von ihnen etwas anderes sagt. Und dann, nach und nach, beobachte auch dich selbst. Wenn du sagst, dass du glücklich bist, und in Wahrheit bist du es nicht, dann wird es eine Störung in deinem Atemfluss geben. Dein Atem kann nicht natürlich fließen. Das ist unmöglich. Denn die Wahrheit in diesem Fall wäre gewesen, dass du nicht glücklich bist. Wenn du gesagt hättest: »Ich bin unglücklich«, dann hätte sich deine Atmung nicht verändert. Denn dann hätte es keinen Konflikt gegeben. Doch du hast gesagt: »Ich bin glücklich.« Und damit hast du etwas unterdrückt – du hast etwas unterdrückt, was an die Oberfläche kommen wollte. Aufgrund dieser Anstrengung verändert der Atem seinen Rhythmus; er ist nicht mehr rhythmisch. Dein Gesicht ist nicht mehr anmutig, deine Augen werden berechnend.

Beobachte zuerst die anderen, denn das ist einfacher. Anderen gegenüber kannst du leichter objektiv sein. Und wenn du die feinen Hinweise an ihnen bemerken kannst, suche dieselben Hinweise auch bei dir. Und du wirst bemerken, dass deine Stimme eine gewisse melodische Qualität besitzt, wenn du die Wahrheit sprichst. Wenn du die Unwahrheit sprichst, wird ein Missklang darin auftauchen. Wenn du die Wahrheit sprichst, bist du innerlich ganz; wenn du eine Unwahrheit sprichst, bist du nicht ganz, ein Konflikt ist entstanden. Beobachte diese subtilen Phänomene, denn sie sind eine Folge von innerer Einheit oder Spaltung.

Wann immer du ganz bist und nicht in einem inneren Konflikt – wann immer du eins bist, im Einklang mit dir –, wirst du feststellen, dass du glücklich bist. Das ist die Bedeutung des Wortes *Yoga*. Das ist es, was wir unter einem *Yogi* verstehen: jemand, der eins mit sich ist, im Einklang mit sich selbst, dessen verschiedene Anteile miteinander verbunden und nicht im Widerstreit sind, miteinander verflochten und in Frieden. Eine große Verbundenheit herrscht in seinem Wesen. Er ist ganz.

Manchmal, in seltenen Momenten, geschieht es, dass ihr ganz werdet. Du beobachtest vielleicht den Ozean, seine ungeheure Kraft und Wildheit – und plötzlich vergisst du deine Spaltung, deine Schizophrenie; du entspannst dich. Oder du wanderst im Himalaja, betrachtest den unberührten Schnee auf den Gipfeln – und plötzlich bist du von einer großen Weite umgeben und brauchst nicht mehr falsch zu sein, weil kein Mensch in deiner Nähe ist, dem du etwas vorspielen könntest. Alle deine inneren Anteile fallen plötzlich an ihren Platz. Oder sie fallen an ihren Platz, während du wunderbarer Musik lauschst. Wo auch immer und in welcher Situation auch immer – plötzlich wirst du eins mit dir selbst, und Frieden, Glück, Seligkeit umgeben dich, steigen in dir auf. Du bist erfüllt.

Du brauchst nicht auf diese Augenblicke zu warten – sie können zu deinem natürlichen Lebensgefühl werden. Diese außergewöhnlichen Momente können zu ganz gewöhnlichen Momenten werden – darum geht es beim Zen. Wir können ein außergewöhnliches Leben in einem ganz gewöhnlichen Leben führen: beim Holzhacken oder beim Wasserholen kannst du vollkommen eins mit dir sein, beim Putzen, beim Kochen, beim Waschen kannst du vollkommen entspannt sein – denn es geht einfach nur darum, das, was tu tust, vollkommen zu tun, es zu genießen, darin aufzugehen.

Der Atem als Schlüssel

Beobachte einmal, wie ein Kind atmet – das ist die richtige Art zu atmen. Wenn ein Kind atmet, bleibt der Brustraum vollkommen unbeteiligt und der Bauch bewegt sich. Das Kind atmet aus dem Bauch heraus. Alle Kinder haben einen vorstehenden Bauch; dieser Bauch ist auf ihre Art der Atmung und das Energiereservoir darin zurückzuführen.

Das ist die richtige Art zu atmen. Denkt also daran, beim Atmen nicht zu sehr euren Brustkorb zu benutzen; der Brustraum sollte nur selten genutzt werden – nur in Notfällen. Wenn du um dein Leben rennst, dann kannst du den Brustkorb nutzen. Er ist eine Notreserve. Wenn du um dein Leben rennst, kannst du schnell und flach atmen. Doch normalerweise sollte der Brustkorb nicht verwendet werden. Denkt immer daran: Der Brustkorb ist nur für Notfälle gedacht, weil es in einer Notsituation schwierig ist, normal und natürlich zu atmen. Wenn du natürlich atmest, bleibst du so ruhig und gelassen, dass du nicht rennen kannst, dass du nicht kämpfen kannst; du bist so ruhig und gelassen wie ein Buddha. Würdest du in einer Notsituation natürlich atmen – wenn zum Beispiel dein Haus in Flammen steht –, dann wärst du nicht in der Lage, irgendetwas zu retten. Oder wenn dich im Urwald ein Tiger anspringt und du dabei weiter natürlich atmest, dann ist das, als würdest du sagen: »Okay, soll er doch machen, was er will.« Dann bist du nicht in der Lage, dich zu retten.

Die Natur hat also ein Instrument für Notfälle eingerichtet; der Brustkorb ist eine Notvorrichtung. Wenn dich ein Tiger angreift, dann musst du deine natürliche Atmung aufgeben und mit dem Brustkorb atmen. Dadurch wird deine Leistungsfähigkeit beim Rennen und beim Kämpfen höher, der Energieumsatz erfolgt schneller. Und in Notfällen gibt es nur zwei Alternativen – fliehen oder kämpfen. Für beide Alternativen braucht es eine flache, intensive Atmung, und dein Zustand dabei ist aufgewühlt und angespannt.

Wenn du ständig mit dem Brustkorb atmest, dann wirkt sich das so aus, dass du dauernd angespannt bist. Wenn du ständig mit dem Brustkorb atmest, bist du immer voller Angst, denn die Brustatmung ist eigentlich nur für angsteinflößende Situationen gedacht. Wenn du daraus eine Gewohnheit machst, dann ist dein Organismus ständig voller Angst und Anspannung, bereit zur Flucht. Kein Feind weit und breit, doch dein Körper hat den Eindruck, dass du einem Feind gegenüberstehst. Auf diese Weise entsteht Paranoia.

Westliche Therapeuten, die mit Bioenergetik

gearbeitet haben, wie Alexander Lowen und andere, haben dieses Phänomen entdeckt. Sie haben beobachtet, dass bei Menschen, die Angst haben, der Brustkorb angespannt und die Atmung sehr flach ist. Wenn es gelingt, ihre Atmung zu vertiefen, so dass der Atem in den Bauchraum vordringt und das Hara-Zentrum umfasst, dann verschwindet die Angst. Ida Rolf hat eine der besten Methoden entwickelt, um die innere Struktur des Körpers zu verändern – das Rolfing. Wenn du viele Jahre lang falsch geatmet hast, hat sich dadurch eine bestimmte Muskulatur entwickelt, und diese Muskulatur ist dann im Weg; sie erlaubt kein tiefes Atmen mehr. Selbst wenn du ein paar Sekunden lang daran denkst, tief zu atmen, wirst du sofort wieder flach und mit dem Brustkorb atmen, sobald du nicht mehr bewusst daran denkst und mit etwas anderem beschäftigt bist. Die Muskulatur muss sich also erst einmal verändern. Sobald sich die Muskulatur verändert hat, verschwindet die Angst und die Spannung löst sich auf.

Beobachte ein Kind beim Atmen – das ist die natürliche Art zu atmen –, und dann atme auf dieselbe Art und Weise. Lass deinen Bauch beim Einatmen hervortreten und beim Ausatmen einsinken. Und lass deinen Atem in solch einem Rhythmus fließen, dass es wie ein Lied deiner Energie wird, ein Tanz voll

Rhythmus, voll Harmonie – und du wirst dich so entspannt fühlen, so lebendig, so vital, wie du es dir niemals hättest vorstellen können.

Entspannte Aufmerksamkeit

Im *Vigyan Bhairav Tantra* stellt Shiva die folgende Meditationstechnik vor:

Wo immer deine Aufmerksamkeit hingeht, an diesem Punkt geh in die Erfahrung.

Bei dieser Technik geht es zunächst einmal darum, die eigene Aufmerksamkeit zu entwickeln. Man muss eine aufmerksame Haltung entwickeln. Nur dann wird diese Technik möglich, so dass man in die Erfahrung gehen kann – so dass man sich selbst erfahren kann –, wo immer die Aufmerksamkeit hingeht. Man kann sich selbst erfahren, indem man einfach nur eine Blume anschaut. Die Blume anzusehen ist dann nicht nur ein Betrachten der Blume, sondern gleichzeitig ein Betrachten des Betrachters – doch das ist nur möglich, wenn man das Geheimnis der Aufmerksamkeit kennt.

Sonst schaust du dir die Blume an und denkst, dass du die Blume betrachtest, doch in Wahrheit hast du bereits angefangen, über die Blume *nachzuden-*

ken, und hast die Blume selbst übersehen. Du bist nicht mehr da, du bist irgendwo anders hingegangen, du bist weggegangen. Aufmerksamkeit bedeutet, dass du nur die Blume siehst, wenn du eine Blume betrachtest, und nichts anderes dabei tust – so als hätte der Verstand eine Pause eingelegt, als hätte alles Denken aufgehört, bis nur die einfache Erfahrung der Blume übrig bleibt. Du bist hier, die Blume ist dort, und zwischen euch beiden steht kein Gedanke.

Wenn du das tun kannst, dann wirst du feststellen, dass deine Aufmerksamkeit plötzlich von der Blume zu dir zurückkehrt, dass sie zu dir zurückfließt. Es wird ein Kreislauf daraus. Du blickst die Blume an und der Blick kommt zu dir zurück. Die Blume wird deinen Blick reflektieren und ihn zu dir zurücksenden. Wenn keine Gedanken im Weg sind, passiert genau das. Dann betrachtest du nicht einfach nur die Blume, sondern ebenso den Betrachter. Dann werden aus dem Betrachter und der Blume zwei Objekte, und du bist der Zeuge, der beide wahrnimmt.

Doch zunächst muss eure Aufmerksamkeit trainiert werden, weil ihr überhaupt keine stabile Aufmerksamkeit besitzt. Eure Aufmerksamkeit flackert ständig, von diesem zu jenem, von jenem zum nächsten. Keinen einzigen Augenblick lang seid ihr wirklich aufmerksam. Selbst wenn ich spreche, hört ihr niemals alle meine Worte. Ihr hört vielleicht ein

Wort, und dann geht eure Aufmerksamkeit irgendwo anders hin; dann kommt ihr zurück, hört ein anderes Wort, und schon geht eure Aufmerksamkeit wieder woanders hin. Ihr hört ein paar Worte, ihr füllt die Lücken dazwischen aus, und dann denkt ihr, ihr hättet mich gehört. Doch was ihr mitnehmt, ist euer eigenes Ding, ist eure eigene Schöpfung. Ihr habt nur ein paar Worte von mir gehört, und danach habt ihr die Lücken aufgefüllt, und was ihr in die Lücken gefüllt habt, verändert alles! Ich sage ein Wort, und schon fangt ihr an, darüber nachzudenken. Ihr könnt nicht innerlich still bleiben.

Erst wenn ihr beim Zuhören innerlich still bleiben könnt, seid ihr wirklich aufmerksam.

Aufmerksamkeit bedeutet eine stille Wachheit ohne Gedanken, die dazwischentreten. Entwickle diese Aufmerksamkeit. Du kannst sie nur entwickeln, indem du sie übst; es gibt keinen anderen Weg. Übe sie regelmäßig, und sie wird sich allmählich entwickeln. Was immer du tust, wo immer du gerade bist, versuche diese Aufmerksamkeit zu entwickeln.

Du reist vielleicht in einem Auto oder in einem Bus. Was machst du die ganze Zeit? Versuche Aufmerksamkeit zu entwickeln, statt deine Zeit zu verschwenden. Du bist vielleicht eine halbe Stunde lang in einem Bus: Nutze die Zeit, um Aufmerksamkeit zu entwickeln. Sei einfach nur da. Denke nicht.

Schau jemanden an, schau den Bus an oder schau nach draußen, aber sei der Blick, ohne irgendwelche Gedanken. Hör auf zu denken. Sei da und schau. Dein Blick wird direkt werden, durchdringend, und von allem, was du anschaust, wird dein Blick reflektiert und du wirst dir des Betrachters bewusst.

Ihr seid euch eurer selbst nicht bewusst, weil eine Mauer dazwischen steht. Wenn du eine Blume betrachtest, wird dein Blick zunächst von deinen Gedanken beeinflusst; die Gedanken übertragen ihre eigene Färbung auf deinen Blick. Dann geht dieser Blick zu der Blume. Er kommt zurück, und wieder geben deine Gedanken ihm eine andere Färbung. Und wenn er dann bei dir ankommt, bist du schon gar nicht mehr anwesend. Du hast dich bereits weiterbewegt, du bist gar nicht mehr da.

Jeder Blick kommt zurück, alles wird reflektiert, auf alles kommt eine Antwort, doch ihr seid nicht da, um sie zu empfangen. Sei also da und sei bereit, die Antwort zu empfangen. Den ganzen Tag hindurch kannst du das mit vielen Dingen ausprobieren, und nach und nach wirst du Aufmerksamkeit entwickeln. Mit dieser Aufmerksamkeit mach das Folgende:

Wo immer deine Aufmerksamkeit hingeht, an diesem Punkt geh in die Erfahrung.

Blicke irgendwohin und schau einfach nur. Deine Aufmerksamkeit landet – und du erfährst dich selbst. Doch die erste Voraussetzung ist, dass du die Fähigkeit zu dieser Aufmerksamkeit hast. Und das kannst du üben.

Dafür braucht es keine extra Zeit. Was immer du tust – essen, duschen, baden – sei einfach aufmerksam. Das Problem ist, dass wir bei allem immer mit unserem Verstand unterwegs sind, dass wir ständig in der Zukunft unterwegs sind. Du bist vielleicht im Zug unterwegs, doch dein Verstand plant bereits die nächste Reise, er organisiert und überlegt. Hör auf damit.

Bokuju, ein Zen-Mönch, sagte: »Dies ist die einzige Meditation, die ich kenne: Wenn ich esse, esse ich. Wenn ich gehe, gehe ich. Wenn ich mich müde fühle, schlafe ich. Was immer geschieht, geschieht. Ich mische mich niemals ein.«

Das ist alles, was nötig ist – misch dich nicht ein. Was immer geschieht, erlaube es, sei einfach da. So übst du dich in Aufmerksamkeit. Und wenn du Aufmerksamkeit besitzt, dann steht dir diese Technik vollkommen zur Verfügung.

Wo immer deine Aufmerksamkeit hingeht, an diesem Punkt geh in die Erfahrung.

Dann wirst du den Erfahrenden erfahren; du wirst bei dir selbst landen. Von überall wirst du zurückgeworfen, von überall wirst du gespiegelt. Die gesamte Existenz wird zu einem Spiegel; du wirst von allen Seiten gespiegelt. Die gesamte Existenz wird dich spiegeln, und nur dann kannst du dich selbst erkennen, nicht zuvor.

Solange nicht die gesamte Existenz dich spiegelt, solange nicht jeder Teil des Universums dich enthüllt, solange nicht jede Beziehung dich offenbart ... Du bist ein so unendliches Phänomen – kein gewöhnlicher Spiegel reicht dafür aus. Du bist in deinem Inneren ein so weites Wesen, dass du keinen Eindruck von dir selbst bekommen kannst, solange nicht das gesamte Universum zu deinem Spiegel wird. Erst wenn das gesamte Universum zu deinem Spiegel wird, wirst du dich darin wirklich spiegeln. In dir existiert das Göttliche.

Und Aufmerksamkeit ist die Technik, die das ganze Universum, die gesamte Existenz zu einem Spiegel macht. Werde also aufmerksam, werde wach, und dann wirst du, wo immer deine Aufmerksamkeit landet – auf welchem Objekt auch immer – plötzlich dich selbst erfahren. Das ist möglich, doch im Moment ist es unmöglich, weil ihr die grundlegenden Voraussetzungen dafür nicht erfüllt.

Ihr könnt eine Blume betrachten, doch das ist

noch keine Aufmerksamkeit. Ihr rennt einfach nur an der Blume vorbei, immer im Kreis. Ihr seht die Blume nur im Vorüberrennen; ihr seid keinen einzigen Augenblick lang wirklich bei ihr gewesen.

Wo immer deine Aufmerksamkeit hingeht, an diesem Punkt geh in die Erfahrung.

Erinnere dich einfach nur an dich selbst.

Es gibt einen tieferen Grund, warum diese Technik hilfreich ist. Wenn du einen Ball gegen eine Wand wirfst, wird der Ball zu dir zurückkommen. Wenn du eine Blume oder ein Gesicht betrachtest, geht dabei eine gewisse Energie von dir aus – dein Blick ist Energie. Doch dir ist überhaupt nicht bewusst, dass du mit jedem Blick Energie investierst, dass du Energie nach außen sendest. Ein gewisses Maß an Lebensenergie wird dabei weggegeben. Das ist der Grund, warum du dich erschöpft fühlst, wenn du den ganzen Tag lang die Straße betrachtet hast: die Leute, die vorbeigehen, die Reklametafeln, die Menschenmassen, die Geschäfte. All das zu betrachten erschöpft einen, bis man die Augen schließen möchte, um sich zu entspannen. Was ist da passiert? Warum fühlst du dich so erschöpft? Du hast Energie weggegeben.

Buddha und auch Mahavira haben immer darauf

bestanden, dass ihre Mönche nicht so viel schauen sollten: sie sollten sich auf den Boden konzentrieren. Buddha sagt, dass man nur etwa einen Meter weit schauen sollte. Schau nirgendwohin; schau einfach nur auf den Weg vor dir, auf dem du gehst. Einen Meter vorauszuschauen ist ausreichend, denn wenn du diesen Meter gegangen bist, schaust du wiederum einen Meter voraus. Schau nicht weiter voraus, damit du nicht unnötig Energie verschwendest.

Wenn du schaust, dann sendest du eine gewisse Menge von Energie aus. Warte, sei still und erlaube dieser Energie, zu dir zurückzukommen, und du wirst überrascht sein. Wenn du der Energie erlaubst, zu dir zurückzukommen, wirst du dich nie mehr erschöpft fühlen. Probier es einfach mal aus. Probier es aus, gleich jetzt. Sei still und schau etwas an. Sei still, denke nicht und warte geduldig auf den Moment, in dem die Energie zu dir zurückkehrt. Sie kann dir sogar neue Vitalität schenken.

Wenn du nicht denkst, kommt die Energie zu dir zurück, denn es ist kein Hindernis im Weg. Und wenn du dann wirklich da bist, nimmst du diese Energie wieder auf, und das gibt dir neue Kraft. Und statt dich müde und erschöpft zu fühlen, werden deine Augen entspannter sein, vitaler, von mehr Energie erfüllt.

Sich Raum nehmen

Wir alle brauchen ein gewisses Maß an Raum. Wenn andere Menschen in diesen Raum eindringen, zieht sich unsere Energie zurück und wir werden innerlich geradezu panisch.

Doch unser Raum wird jeden Tag kleiner und kleiner. Die Welt wird immer überfüllter. Überall – im Zug, im Bus, im Theater, auf der Straße, in den Geschäften, in den Restaurants, in den Schulen und Universitäten – sind Menschenmassen unterwegs, und der Raum, der für das Wachstum des Einzelnen notwendig wäre, ist nicht mehr vorhanden. Dadurch entsteht Stress in jedem einzelnen Menschen. Man nennt es das »Stress-Syndrom«, und inzwischen ist es fast zum Normalzustand geworden.

Jeder Mensch ist gestresst, doch weil es so normal geworden ist, sind sich die Menschen dessen überhaupt nicht mehr bewusst. Dieser Stress sorgt aber für verschiedene innere Befindlichkeitsstörungen; vor allem für Störungen, die auf Anspannung zurückzuführen sind.

Beobachte einmal Menschen, die im Zug dicht an dicht stehen und fast erdrückt werden. Sie wirken eingeschrumpft, steif, eingefroren, unbeweglich. Sie bewegen sich nicht, weil sie Angst haben. Wenn sie sich bewegen, bewegt sich die Energie mit, also bleiben sie eingefroren, als ob sie tot wären, damit sie die Anwesenheit der anderen nicht spüren müssen. Auf diese Weise werden Körper immer gefühlloser, immer empfindungsloser.

Man muss etwas dagegen tun, sonst wird das zu Problemen führen. Es gibt etwas, was du direkt und unmittelbar tun kannst, wenn dir andere Menschen zu nahe sind und ein Gefühl von innerer Panik, Angst und Stress in dir auftaucht. Atme tief aus und spüre, wie dabei der ganze Stress mit dem Atem zusammen abfließen kann. Dann atme tief ein. Nimm frische Luft auf und spüre, wie sich dein Brustkorb und deine inneren Atemwege aufdehnen. Sieben Atemzüge genügen, und plötzlich wirst du bemerken, dass du keine Probleme mehr hast.

Das Wichtigste daran ist die Vorstellung, dass du mit dem Ausatmen auch den ganzen Stress abgibst.

Der Atem lässt sich für vieles nutzen – um bestimmte Dinge einzuladen oder abzugeben. Er ist der vitalste Aspekt in deinem Körper. Er ist du. Was immer du also mit deinem Atem machst, machst du mit dir selbst.

Bewusstes Essen

Wir essen sehr unbewusst, automatisch, roboterhaft. Wenn aber der Geschmack nicht wahrgenommen wird, dann stopfst du dich nur voll. Iss also langsam und sei dir des Geschmacks bewusst. Schluck nicht einfach alles sofort hinunter. Schmecke jeden Bissen ohne Eile und werde zu dem Geschmack, den du wahrnimmst. Wenn du Süße schmeckst, werde zu dieser Süße, so dass du sie im ganzen Körper spüren kannst, nicht nur auf der Zunge. Spüre, wie sie sich in Wellen im ganzen Körper ausbreitet.

Was immer du isst, nimm den Geschmack wahr und werde zu diesem Geschmack. Wenn du das nicht machst, werden deine Sinne allmählich abstumpfen. Sie werden immer weniger sensibel, weniger empfänglich sein. Und mit weniger Sensibilität wirst du deinen Körper nicht mehr spüren und deine Gefühle nicht mehr fühlen können. Dann bist du nur noch im Kopf zu Hause.

Wenn du Wasser trinkst, spüre seine Frische. Schließ deine Augen und trinke es langsam, schmecke es. Nimm die Kühle wahr und spüre, wie du selbst zu Kühle wirst, weil die Kühle des Wassers auf dich übertragen wird; es wird zu einem Teil von dir. Dein Mund ist mit dem Wasser in Kontakt, deine Zunge ist mit dem Wasser in Kontakt, und die Kühle wird übertragen. Lass zu, dass sie in deinen ganzen Körper übertragen wird, dass sie sich in Wellen darin ausbreitet, bis du die Kühle im ganzen Körper spüren kannst. Auf diese Weise wird deine Empfindsamkeit immer mehr zunehmen, und du fühlst dich lebendiger und erfüllter.

Das innere Lächeln

Immer wenn du irgendwo sitzt und gerade nichts zu tun hast, entspanne deinen Unterkiefer und lass zu, dass sich der Mund ganz leicht öffnet. Atme durch den Mund ein und aus, aber nicht zu tief. Lass einfach den Körper atmen, so dass der Atem ganz flach ist und immer flacher wird. Und wenn du wahrnehmen kannst, dass der Atem sehr flach geworden ist und der Mund leicht geöffnet und der Unterkiefer entspannt ist, dann wirst du bemerken, dass dein ganzer Körper sich sehr entspannt anfühlt.

In diesem Augenblick lass dich ein Lächeln spüren – nicht auf dem Gesicht, sondern in deinem gesamten Inneren. Es ist kein Lächeln, das auf die Lippen tritt – es ist ein existenzielles Lächeln, das sich im Inneren ausbreitet.

Es ist nicht notwendig, mit den Lippen zu lächeln – es ist mehr so, als würdest du mit dem Bauch lächeln; der Bauch lächelt. Und es ist ein Lächeln, kein Lachen; es ist also sehr, sehr fein und zart und weich – wie eine Rosenknospe, die sich in deinem Bauch öffnet und ihren Duft in den ganzen Körper hineinströmen lässt.

Wenn du dieses Lächeln erst einmal kennengelernt hast, kannst du vierundzwanzig Stunden lang
glücklich sein. Und immer wenn du das Gefühl hast,
dass es dir an Glück fehlt, schließe einfach die Augen und erinnere dich an dieses Lächeln; es ist immer noch da. Du kannst den ganzen Tag über so oft
darauf zurückgreifen, wie du magst: Es ist immer da.

Sich mit der Sonne erheben

Fünfzehn Minuten bevor die Sonne aufgeht, wenn
der Himmel anfängt, langsam heller zu werden, geh
nach draußen und warte, wie man auf eine Geliebte
wartet: so wach, so aufmerksam, so voller Sehnsucht
und Hoffnung und Aufregung – und doch still. Lass
die Sonne aufgehen und beobachte einfach nur. Du
brauchst nicht zu starren, du kannst ganz normal
schauen. Doch mit dem Gefühl, dass gleichzeitig
auch in dir etwas aufgeht.

Wenn die Sonne über den Horizont tritt, dann
stell dir vor, dass sie sich dem Nabel nähert und
über seinen Rand tritt und darin aufgeht, langsam,
Stück für Stück. Während die Sonne am Horizont
aufgeht, geht gleichzeitig in deinem Nabel ein innerer Lichtpunkt auf. Zehn Minuten sind vollkommen ausreichend. Dann schließ deine Augen. Wenn
du die Sonne mit geöffneten Augen anblickst, ent-

steht dabei ein Negativbild. Wenn du dann die Augen schließt, kannst du die Sonne in deinem Inneren scheinen sehen.

Diese Übung hat eine starke Wirkung und wird dich enorm verändern.

Ja sagen

Unsere grundlegende innere Haltung ist durch Nein geprägt. Warum ist das so? – Weil wir uns als jemand fühlen, wenn wir Nein sagen. Die Mutter hat das Gefühl, dass sie jemand ist, weil sie Nein sagen kann. Das Kind wird dabei negiert, das Ego des Kindes wird verletzt und das Ego der Mutter wird gestärkt. Ein Nein stärkt das Ego, es ist Futter für das Ego, und das ist der Grund, warum wir uns im Nein-Sagen üben.

Wohin auch immer ihr euch wendet, überall werdet ihr Nein-Sager finden, weil man mit einem Nein die eigene Autorität spüren kann – man ist jemand, man kann Nein sagen. Ja zu sagen gibt einem das Gefühl, unterlegen zu sein, untergeordnet zu sein, niemand zu sein. Nur in solchen Fällen sagt man Ja.

Doch ein Ja ist positiv, und ein Nein ist negativ.

Denkt daran: Ein Nein füttert das Ego; ein Ja dagegen unterstützt euch darin, das Selbst zu entdecken. Ein Nein stärkt das Ego, ein Ja zerstört es.

Prüfe also immer erst, ob du Ja sagen kannst. Sag nur dann Nein, wenn du nicht Ja sagen kannst, wenn es vollkommen unmöglich ist, Ja zu sagen. Unsere normale Vorgehensweise ist stattdessen, erst einmal Nein zu sagen; wir sagen nur Ja, wenn es unmöglich ist, Nein zu sagen, wenn es nicht anders geht, und dann mit einem Gefühl von Niederlage.

Probier es einmal aus. Schwöre dir, vierundzwanzig Stunden lang in jeder Situation erst einmal mit einem Ja zu beginnen, und du wirst sehen, welch tiefe Entspannung dir das schenken kann. Bei ganz gewöhnlichen Dinge … Dein Sohn fragt, ob er ins Kino gehen kann. Er wird sowieso gehen; dein Nein bedeutet ihm nichts. Im Gegenteil, dein Nein wird zu einer Einladung, zu einer Herausforderung, denn so wie du versuchst, dein Ego zu stärken, versucht er es auch. Er wird versuchen, sich gegen dein Nein durchzusetzen, und er weiß, wie er aus dem Nein ein Ja machen kann, er weiß, wie es sich transformieren lässt. Er weiß, dass es nur ein bisschen Anstrengung, Geduld und Insistieren braucht, damit aus deinem Nein ein Ja wird.

Versuch also einmal, vierundzwanzig Stunden lang bei allen Dingen erst einmal mit einem Ja anzufangen. Du wirst zunächst große Schwierigkeiten damit haben, denn es wird dir bewusst werden, dass zunächst immer ein Nein auftaucht. In allen Dingen kommt zuerst ein Nein – es ist zu einer Gewohnheit geworden. Doch benutze es nicht; verwende ein Ja und schau, wie entspannt du dadurch wirst.

Die innere Unruhe loswerden

Setze dich jeden Abend in einen Sessel und lass deinen Kopf zurücksinken, ruhig und entspannt. Du kannst ein Kissen verwenden, damit deine Haltung ganz entspannt ist und keine Spannungen im Nacken entstehen. Dann lass deinen Unterkiefer los, so dass sich der Mund leicht öffnet, und beginne durch den Mund statt durch die Nase zu atmen, doch ohne dass sich die Atmung dabei verändert; sie soll ganz natürlich weiterfließen, so wie sie ist. Die ersten paar Atemzüge sind dann vermutlich ein bisschen unregelmäßig. Doch nach und nach wird sich der Atem beruhigen und deine Atmung wird ziemlich flach werden. Der Atem wird ganz leicht ein und aus fließen, und genau so sollte es sein. Lass den Mund leicht geöffnet, die Augen geschlossen, und ruh dich aus.

Dann stell dir vor, dass deine Beine sich ablösen, so als würden sie dir weggenommen, als würden sie sich an den Gelenken ablösen. Stell dir vor, sie werden dir abgenommen – sie werden abgeschnitten – so dass du nur noch der Oberkörper bist, ohne Beine.

Dann stell dir vor, dass beide Arme und Hände sich ablösen und weggenommen werden. Vielleicht hörst du sogar so etwas wie ein inneres »Klicken«, wenn sie sich ablösen. Du hast jetzt keine Hände mehr; sie sind weg. Nur noch der Torso ist übrig.

Dann nimm dir den Kopf vor – stell dir vor, dass er weggenommen wird. Du wirst enthauptet und der Kopf fällt ab. Lass ihn einfach fallen, wohin er rollen möchte, nach rechts oder nach links; du kannst nichts dagegen tun. Lass ihn einfach los – er ist weg.

Jetzt ist nur noch der Torso ohne Kopf übrig. Stell dir vor, dass du nur noch aus Brust und Bauch bestehst, nichts weiter.

Mach das wenigstens zwanzig Minuten lang und geh danach zu Bett. Diese Übung sollte man unmittelbar vor dem Schlafengehen machen. Mach sie mindestens drei Wochen lang.

Danach wird sich deine innere Unruhe gelegt haben. Wenn du deine Extremitäten als getrennt von dir wahrnimmst, bleibt nur noch der essenzielle Teil; also wird deine gesamte Energie in diesen essenziellen Teil einströmen. Der essenzielle Teil wird sich entspannen und zur Ruhe kommen. Und wenn die Energie anschließend wieder in deine Beine, deine Hände und deinen Kopf fließt, wird es ein harmonischerer, ausgeglichenerer Fluss sein.

In Kontakt mit dem Herzen bleiben

Spüren ist wirkliches Leben. Denken ist unecht, denn Denken ist immer nur über etwas, es ist nicht echt. Es ist nicht das Nachdenken über Wein, das dich betrunken macht, sondern der Wein selbst. Du kannst ewig über Wein nachdenken, doch das Denken wird dich niemals betrunken machen. Du musst ihn trinken, und beim Trinken spürst du ihn.

Denken ist eine Pseudo-Aktivität, eine Ersatzhandlung. Es gibt dir fälschlicherweise das Gefühl, dass etwas geschieht, obwohl gar nichts passiert. Wechsle also vom Denken zum Spüren, und die beste Vorgehensweise dabei ist, vom Herzen aus zu atmen.

Den ganzen Tag hindurch, sooft du daran denkst, nimm einfach einen tiefen Atemzug. Spüre ihn in der Mitte deines Brustkorbs ankommen. Stell dir vor, das gesamte Universum würde in dich hineinfließen, in den Raum, in dem sich dein Herzzentrum befindet. Das ist nicht bei allen Menschen genau an derselben Stelle, doch meist liegt es etwas auf der rechten Seite. Es hat nichts mit dem physischen Herzen zu tun. Es ist etwas vollkommen anderes. Es ist Teil des feinstofflichen Körpers.

Atme tief ein und aus, und wann immer du diese Übung machst, nimm mindestens fünf tiefe Atemzüge. Atme ein und fülle dein Herzzentrum auf. Spüre einfach in der Mitte deines Brustkorbs, dass das gesamte Universum durch das Herz in dich einströmt. Vitalität, Leben, die Natur, das Göttliche – all das strömt in dich ein.

Dann atme tief aus, wiederum vom Herzen aus, und stell dir vor, dass du all das, was dir gegeben wurde, an das Göttliche zurückgibst, an das Universum zurückgibst.

Mach das so oft wie möglich während des Tages, und wann immer du es machst, nimm wenigstens fünf Atemzüge nacheinander. Das wird dir helfen, vom Kopf in dein Herzzentrum zu kommen.

Du wirst dadurch immer sensibler werden und wirst dir vieler Dinge bewusst werden, die du vorher überhaupt nicht bemerkt hast. Du wirst mehr riechen, du wirst mehr schmecken, dein Tastsinn wird sich verfeinern. Du wirst mehr sehen, du wirst mehr hören, und du wirst alles sehr viel intensiver erleben. Verlagere deinen Schwerpunkt vom Kopf ins Herz und all deine Sinne werden plötzlich strahlend werden. Du wirst plötzlich spüren können, wie das Leben in dir pulsiert, bereit zu fließen, bereit, loszulegen.

Die Stopp!-Übung

Mach die folgende einfache Übung mindestens sechs Mal am Tag. Sie nimmt immer nur eine halbe Minute in Anspruch, also insgesamt drei Minuten pro Tag. Es ist die kürzeste Meditation der Welt! Aber du musst sie ganz abrupt und plötzlich machen – das ist der springende Punkt dabei.

Während du auf der Straße gehst, erinnere dich plötzlich an diese Meditation und sage dir: Stopp! Und dann halte komplett an, keine Bewegung mehr. Sei einfach nur eine halbe Minute lang vollkommen präsent. In welcher Situation du dich auch befinden magst, halte einfach vollkommen an und sei präsent für das, was geschieht. Das muss ganz abrupt geschehen. Dann beginne dich wieder zu bewegen. Mach das sechs Mal am Tag. Du kannst es auch öfter machen, aber nicht weniger oft. Diese Meditation wird zu einer starken Öffnung in dir führen.

Wenn du ganz abrupt von einem Augenblick zum nächsten plötzlich präsent bist, verändert sich deine gesamte Energie. Die Kontinuität all der Dinge, die im Verstand abliefen, kommt zu einem Stillstand. Und wenn es plötzlich geschieht, dann kann der Verstand so schnell keinen neuen Gedanken fassen. Er braucht Zeit dafür, denn der Verstand ist dumm.

Wo immer du gerade bist, in dem Moment, in dem du daran denkst, gib deinem ganzen Wesen einen Ruck und halte an. Du wirst dadurch nicht nur bewusster werden. Bald wirst du bemerken, dass auch andere sich deiner Energie bewusst sind – dass etwas sich verändert hat. Etwas aus der Ebene des Unbekannten ist in dich eingeflossen.

Aus alten Mustern ausbrechen

Fühlst du dich traurig und deprimiert? Dann geh unter die Dusche und nimm wahr, wie das Wasser die Traurigkeit mit sich nimmt, so wie es Schweiß und Schmutz vom Körper abspült. Probier es aus.

Es geht darum, den Verstand mit einer neuen Situation zu konfrontieren, in der er nicht mehr auf die alte Art und Weise funktionieren kann.

Alles Mögliche eignet sich dafür. Tatsächlich sind all die Techniken, die über die Jahrhunderte hinweg entwickelt wurden, nicht anderes als Versuche, den Verstand von den alten Mustern abzulenken.

Wenn du dich ärgerst, kannst du zum Beispiel einfach ein paar tiefe Atemzüge nehmen. Atme tief ein und aus, zwei Minuten lang, und dann überprüfe, was mit deinem Ärger ist. Der Verstand ist verwirrt, denn er kann die beiden Faktoren nicht miteinander in Einklang bringen. Er wird sich fragen: »Seit wann atmet man tief durch, wenn man ärgerlich ist? Was ist hier los?«

Mach also irgendetwas, aber wiederhole dich nicht, denn das ist der springende Punkt. Wenn du nämlich jedes Mal unter die Dusche gehst, wenn du traurig bist, dann wird der Verstand sich daran gewöhnen. Nach dem dritten oder vierten Mal sagt sich der Verstand: »Okay, du bist wieder mal traurig, deshalb gehst du unter die Dusche.« Dann wird es zu einem Ritual, das Teil deiner Depression wird. Also wiederhole dich nicht. Sorge dafür, dass der Verstand jedes Mal aufs Neue verwirrt ist. Sei innovativ, sei erfinderisch.

Dein Partner sagt zum Beispiel etwas, und du wirst ärgerlich. Normalerweise würdest du ihn in so einer Situation anschreien oder mit etwas bewerfen. Mach diesmal etwas anderes: Geh zu ihm hin und umarme ihn! Gib ihm einen Kuss und verwirre ihn ebenfalls. Dein Verstand wird sich wundern und seiner auch. Plötzlich sind die Dinge vollkommen anders. Dadurch kannst du erkennen, dass der Verstand etwas ziemlich Mechanisches ist und mit etwas Neuem nicht klarkommt; mit Neuem kann er nicht umgehen.

Mach also die Fenster auf und lass frischen Wind herein!

Einfach nur lauschen

Beim Hören sind Körper und Seele gleichermaßen beteiligt. Aus diesem Grund lässt es sich wunderbar als Meditationstechnik verwenden. Es verbindet die beiden Welten von Materie und Geist.

Immer wenn du irgendwo sitzt, dann lausche einfach nur den Geräuschen um dich herum. Du bist vielleicht gerade irgendwo in der Stadt, wo viel Lärm herrscht; du kannst den Straßenlärm, einen Zug und ein Flugzeug hören. Lausche einfach nur, ohne dabei gleich zu denken, dass es Lärm ist. Lausche, als würdest du ein Musikstück hören, voller Einfühlsamkeit, und plötzlich wirst du bemerken, dass sich die Qualität des Lärms vollkommen verändert hat. Er ist nicht mehr ablenkend und störend; im Gegenteil, er wird beruhigend. Wenn man auf die richtige Art und Weise lauscht, wird selbst der Lärm der Stadt zu einer Melodie.

Es geht also nicht darum, was du hörst, sondern wie du hörst; es geht darum, zu lauschen und nicht einfach nur zu hören.

Selbst wenn du etwas hörst, von dem du niemals gedacht hättest, dass es sich lohnen würde, ihm zu lauschen, tu es trotzdem. Lausche, als würdest du einer Beethoven-Sonate zuhören – und plötzlich wirst du bemerken, dass sich dadurch die Qualität des Geräuschs vollkommen verändert. Es wird großartig.

Eine Säule aus Energie

Wenn du dich ganz ruhig hinstellst, taucht sofort eine gewisse Stille in dir auf. Versuch es einmal in einer Ecke deines Zimmers. Stell dich einfach still in die Ecke und tu gar nichts. Plötzlich wird die Energie in dir ebenfalls aufrecht stehen. Wenn du sitzt, wirst du viele Ablenkungen in deinem Verstand wahrnehmen können, denn das Sitzen ist die Haltung des Nachdenkens. Wenn du stehst, fließt die Energie wie in einer Säule und wird gleichmäßig über den ganzen Körper verteilt. Aufrechtes Stehen ist wunderbar.

Probiert es aus, denn für manche von euch kann das eine großartige Meditation sein. Wenn du eine Stunde lang stehen kannst, ist das fantastisch. Wenn du einfach nur stehst und nichts tust, dich nicht bewegst, wird sich etwas in dir beruhigen und still werden. Es passiert eine Zentrierung und du wirst dich wie eine Säule aus Energie fühlen. Der Körper verschwindet ganz einfach.

Sich in die Stille fallen lassen

Wann immer du Zeit hast, lass dich einfach in die Stille fallen – und ich meine damit genau das: Lass dich fallen, so als wärst du ein Embryo im Schoß deiner Mutter.

Knie dich auf den Boden, und nach und nach wirst du das Gefühl bekommen, dass du am liebsten den Kopf auf den Boden legen möchtest; also leg den Kopf auf den Boden. Nimm eine Embryonal-haltung ein, so wie ein Baby im Bauch der Mutter eingerollt ist. Und sofort wirst du spüren, dass Stille über dich kommt, dieselbe Stille, die im Schoß der Mutter herrschte.

Wenn du auf einer Couch liegst, dann nimm dir eine Decke und kuschle dich darunter ein. Bleib so liegen, vollkommen still, ohne etwas zu tun. Viel-leicht werden ein paar Gedanken vorbeiziehen – lass sie ziehen, sei gleichgültig, unbeteiligt. Wenn sie kommen, lass sie kommen, und wenn keine kom-men, ist es auch in Ordnung. Wenn Gedanken kom-men, kämpfe nicht dagegen an, schieb sie nicht weg. Wenn du kämpfst, sorgt das nur für Unruhe in dir. Wenn du sie wegschiebst, werden sie hartnäckig bleiben wollen. Wenn du sie nicht haben willst, dann werden sie sich weigern, wegzugehen.

Bleib einfach ganz unbeteiligt; lass sie da sein,

irgendwo an der Peripherie, so wie Verkehrsgeräusche da sind.

Und es sind tatsächlich nur Verkehrsgeräusche – es sind die Geräusche von Millionen von Gehirnzellen, die miteinander kommunizieren und dabei Energien und elektrische Impulse austauschen. Es ist wie das Summen einer großen Maschine. Lass es einfach da sein und kümmere dich nicht darum. Es geht dich nichts an, es ist nicht dein Problem. Vielleicht betrifft es jemand anderen, aber nicht dich. Was hast du damit zu tun?

Und du wirst überrascht feststellen: Es wird Augenblicke geben, in denen der Lärm plötzlich verschwindet, komplett verschwindet, und in denen du vollkommen allein mit dir bist. In dieser All-Einheit wirst du Stille finden.

Nimm eine Embryonalhaltung ein, so als wärst du im Bauch deiner Mutter, in dem nicht viel Platz ist, so dass du dich zusammenrollen musst. Und deck dich mit einer Decke zu, damit es dunkel und warm darunter ist, wie im Bauch der Mutter, und fühl dich ganz, ganz klein dabei. Das wird dir einen großartigen Einblick in dein innerstes Wesen geben.

Das Drama genießen

Diese ganze Welt ist einfach ein großes Theaterstück; nehmt sie also nicht allzu ernst. Zu viel Ernsthaftigkeit bringt euch nur in Schwierigkeiten; sie macht euch nur Probleme. Nehmt das Ganze also nicht ernst. Nichts ist ernst; diese ganze Welt ist einfach nur ein Theaterstück. Wenn du die ganze Welt als Drama sehen kannst, wirst du zu deinem ursprünglichen Bewusstsein zurückfinden.

Geht einmal ins Kino und schaut euch die Zuschauer dort an. Schaut nicht auf die Leinwand, vergesst den Film. Beobachtet nicht die Leinwand, sondern die Zuschauer. Da weint vielleicht jemand, und die Tränen rollen, und jemand anderer lacht, und ein anderer fühlt sich angetörnt. Schaut euch einfach nur mal die Leute dort an. Was machen sie? Was passiert mit ihnen? Da ist doch nichts auf der Leinwand, nur Bilder – Bilder aus Licht und Schatten.

Die Leinwand ist leer. Wozu also die ganze Aufregung? Warum weinen und schreien und lachen die Menschen? Die Bilder sind nicht einfach nur Bilder; der Film ist nicht einfach nur ein Film. Die Zuschauer haben vergessen, dass es sich nur um eine Geschichte handelt. Sie nehmen das Ganze ernst. Dadurch wird es lebendig, dadurch wird es real!

Und das ist genau das, was überall geschieht,

nicht nur im Kino. Schaut euch das Leben um euch herum an. Was geschieht hier? So viele Menschen haben schon auf dieser Erde gelebt. Wo du sitzt, sind mindestens zehn Leichen in der Erde vergraben, und auch sie haben das Leben so ernst genommen wie du. Jetzt sind sie nicht mehr da. Wohin ist ihr Leben verschwunden? Wohin sind ihre Probleme verschwunden? Sie haben gekämpft, haben um ihren halben Meter Erde gekämpft – und die Erde ist immer noch da, doch sie sind nicht mehr da.

Ich will damit nicht sagen, dass ihre Probleme keine Probleme waren. Sie hatten genauso Probleme wie ihr. Es waren ernsthafte Probleme, bei denen es um Leben und Tod ging. Doch wo sind ihre Probleme jetzt? Selbst wenn die ganze Menschheit eines Tages verschwinden würde, wäre die Erde immer noch da, die Bäume würden immer noch wachsen, die Flüsse würden fließen und die Sonne würde scheinen. Die Erde würde keinen Mangel wahrnehmen und sich nicht wundern, wo die Menschen abgeblieben sind.

Schaut euch um: Schaut nach hinten, nach vorn, in alle Dimensionen. Schaut euch an, was ihr seid, was euer Leben ist. Es ist wie ein langer Traum, und alles, was du in diesem Augenblick noch ernst nimmst, ist im nächsten Augenblick schon unwichtig. Du erinnerst dich vielleicht gar nicht mehr daran.

Erinnere dich an deine erste Liebe, wie ernst sie war. Dein Leben hing davon ab. Inzwischen erinnerst du dich kaum noch daran, sie ist vergessen. Und auch das, was du heute für lebenswichtig hältst, wird irgendwann einmal vergessen sein.

Das Leben ist ein ewiger Fluss; nichts bleibt, wie es ist. Es ist wie ein bewegtes Bild; alles verändert sich ständig in etwas anderes. Doch im jeweiligen Augenblick nimmst du es sehr ernst und lässt dich dadurch beunruhigen.

In Indien bezeichnen wir diese Welt nicht als Schöpfung, sondern als Spiel – als *Leela*. Das ist ein wunderbares Konzept, denn »Schöpfung« klingt so ernsthaft. Der christliche Gott, der jüdische Gott, ist sehr ernsthaft. Adam wurde wegen einer einzigen ungehorsamen Handlung aus dem Paradies vertrieben – und nicht nur er, sondern die ganze Menschheit. Er war unser Stammvater, und seinetwegen leiden wir. Dieser Gott ist sehr ernst: man muss ihm gehorchen, und wenn man ihm nicht gehorcht, rächt er sich dafür.

Und diese Rache dauert nun schon so lange! Die Sünde war doch gar nicht so bedeutend – und eigentlich war sie doch auf Gottes eigene Dummheit zurückzuführen. Gott sagte zu Adam: »Geh nicht zum Baum der Erkenntnis und iss keine seiner Früchte.«

Dieses Verbot wurde natürlich zu einer Versuchung. Das ist psychologisch unvermeidbar: In diesem ganzen großen Garten wurde dieser Baum der Erkenntnis plötzlich der attraktivste. Er war verboten. Jeder Psychologe kann euch sagen, dass Gott hier einen Fehler begangen hat. Wenn es ihm darum ging, dass die Früchte dieses Baumes nicht gegessen werden sollten, dann wäre es besser gewesen, ihn überhaupt nicht zu erwähnen. Dann hätte Adam diesen Baum überhaupt nicht bemerkt, und die gesamte Menschheit wäre immer noch im Garten Eden.

Doch diese Anweisung – »Esst keine Früchte von diesem Baum« – war problematisch, dieses Verbot war die Ursache des ganzen Problems. Weil Adam nicht gehorchte, wurde er aus dem Himmel vertrieben, und Gottes Rache scheint noch immer anzudauern. Die Christen sagen, dass Jesus gekreuzigt wurde, um uns zu erlösen – uns von der Sünde zu erlösen, die Adam begangen hat. Das gesamte christliche Konzept beruht also auf zwei Personen – Adam und Jesus. Adam hat die Sünde begangen, und Jesus hat gelitten, hat sich kreuzigen lassen, um uns davon zu erlösen. Er litt, damit Adams Sünde vergeben werden konnte. Doch es scheint, als hätte Gott uns noch immer nicht vergeben. Jesus wurde gekreuzigt, doch die Menschheit leidet immer noch auf dieselbe Art und Weise.

Diese ganze Vorstellung von Gott als strafendem Vater ist einfach hässlich. Die indische Vorstellung kennt keinen Schöpfer. Der indische Gott ist ein Spielender; er ist nicht ernsthaft. Das Ganze ist nur ein Spiel. Es gibt Regeln, doch es sind die Regeln eines Spiels. Man muss sie nicht allzu ernst nehmen. Es gibt keine Sünden, sondern nur Fehler. Man leidet, weil man einen Fehler begangen hat, nicht weil Gott einen bestraft. Man leidet, wenn man sich nicht an die Regeln hält. Gott bestraft nicht.

Das Konzept von Leela gibt dem Leben einen Hauch von Drama; es wird zu einem ewigen Theaterstück. Die Meditationstechnik, die ich euch hier vorstelle, basiert auf diesem Konzept: Wenn du unglücklich bist, hast du das Ganze zu ernst genommen.

Versuche also nicht, glücklich zu werden. Ändere einfach nur deine Einstellung. Mit einer ernsthaften Einstellung kannst du nicht glücklich sein. Mit einer fröhlichen Einstellung kannst du leicht glücklich sein. Betrachte dieses ganze Leben als ein Märchen, als eine Geschichte, als ein Drama. Genau das ist es, und sobald du es so sehen kannst, wirst du nicht mehr unglücklich sein. Unglück entsteht aus zu viel Ernsthaftigkeit.

Probier es einfach mal sieben Tage lang aus. Erinnere dich sieben Tage lang stets daran, dass die ganze Welt einfach nur ein Theaterstück ist – und du wirst danach nicht mehr derselbe sein. Einfach nur sieben Tage lang! Du kannst nicht viel dabei verlieren, weil du sowieso nichts zu verlieren hast. Probier es einfach aus. Nimm alles als Drama, als Spiel, als Aufführung – sieben Tage lang. In diesen sieben Tagen wirst du viele Einblicke in deine Buddha-Natur erhalten, in deine innere Reinheit. Und wenn du erst einmal einen kurzen Blick darauf geworfen hast, wirst du nicht mehr derselbe sein. Du wirst glücklich sein. Und ihr könnt euch im Moment noch gar nicht vorstellen, welches Glück ihr erfahren könnt, weil ihr wirkliches Glück noch gar nicht erlebt habt. Bisher habt ihr nur verschiedene Grade von Unglücklichsein erfahren; manchmal wart ihr mehr und manchmal weniger unglücklich, und wenn ihr weniger unglücklich wart, dann habt ihr das als Glück bezeichnet. Aber ihr wisst gar nicht, was Glück wirklich bedeutet, weil ihr es noch gar nicht wirklich erfahren habt.

Wenn man die Welt ernst nimmt, kann man gar nicht wissen, was Glück ist. Glück lässt sich nur erfahren, wenn man in der Einstellung verwurzelt ist, dass das ganze Leben einfach nur ein Spiel ist. Versucht es also mal; macht alles fröhlich und spielerisch, wie eine Aufführung, wie Theater – als wäre es nicht real. Wenn du ein Ehemann bist, dann spiel

einfach die entsprechende Rolle; wenn du eine Ehe-
frau bist, spiel einfach diese Rolle. Macht ein Spiel
daraus.

Natürlich gibt es auch Regeln; jedes Spiel
braucht seine Regeln. Die Ehe hat ihre Regeln, und
die Scheidung hat ihre Regeln, aber nehmt sie nicht
allzu ernst. Es sind nur Regeln, und eine Regel entsteht aus der anderen. Scheidung ist schlecht, weil
Ehe schlecht ist – eine Regel entsteht aus der anderen! Aber nehmt das alles nicht so ernst, und ihr werdet feststellen, dass sich die Qualität eures Lebens
unmittelbar verändert.

Wenn du heute Abend nach Hause gehst, dann
verhalte dich deinem Ehemann und deinen Kindern
gegenüber so, als würdest du eine Rolle in einem
Stück spielen, und du wirst die Magie dieser Einstellung spüren. Wenn du eine Rolle spielst, wirst du
versuchen, sie so gut wie möglich zu spielen, aber
du wirst sie dir nicht zu Herzen nehmen. Dazu besteht keine Veranlassung. Du spielst die Rolle und
gehst dann zu Bett. Doch denk daran, es ist nur eine
Rolle. Wenn du sieben Tage lang die ganze Zeit
hindurch diese Einstellung aufrechterhalten kannst,
dann wird das Glück zu dir kommen. Und wenn du
erst einmal weißt, was Glück ist, brauchst du dich
nicht mehr unglücklich zu fühlen, denn es ist deine
eigene Wahl.

Ihr seid unglücklich, weil ihr nicht die richtige Einstellung zum Leben habt. Ihr könnt glücklich sein, wenn ihr die richtige Einstellung wählt. Buddha legte großen Wert auf die richtige Einstellung. Er machte sie zur Basis, zur Grundlage – »die richtige innere Haltung«. Was ist die richtige innere Haltung? Was ist das Kriterium dafür? Es gibt kein objektives Kriterium. Folgendes ist für mich das Kriterium: Die innere Einstellung, die dich glücklich macht, ist die richtige Einstellung. Eine Einstellung, die dich elend und unglücklich macht, ist die falsche Einstellung. Das Kriterium ist ein subjektives – ob du glücklich bist, ist das entscheidende Kriterium.

Den Kreis vollenden – eine Spiegel-Meditation

Das Bewusstsein bewegt sich normalerweise nach außen. Das ist eine Tatsache, keine Vermutung oder Annahme. Wenn du ein Objekt betrachtest, fließt dein Bewusstsein in Richtung des Objekts.

Wenn du zum Beispiel mich anschaust, dann vergisst du dich selbst und richtest deine ganze Aufmerksamkeit auf mich. Deine Energie fließt zu mir, deine Augen sind auf mich gerichtet. Das ist Extroversion. Du siehst eine Blume und bist entzückt, und deine Aufmerksamkeit richtet sich auf die Blume.

Du vergisst dich selbst; du hast nur noch Augen für die Schönheit der Blume.

So kennen wir es – so geschieht es jeden Augenblick. Eine schöne Frau geht vorbei, und schon beginnt deine Energie, sich nach ihr auszurichten, ihr zu folgen. Wir alle kennen diesen Fluss der Energie nach außen. Doch das ist nur die eine Hälfte der Geschichte. Denn jedes Mal wenn die Energie nach außen fließt, trittst du in den Hintergrund und vergisst dich selbst.

Die Energie muss zu dir zurückfließen, so dass du das Subjekt und das Objekt gleichermaßen bist, beides gleichzeitig, so dass du dich selbst erkennst. Dadurch entsteht Selbsterkenntnis. Normalerweise leben wir nur die eine Hälfte der Geschichte: halb lebendig, halb tot. Das ist die übliche Situation. Und langsam, ganz allmählich, fließt deine Energie immer mehr nach außen, ohne jemals zurückzukehren. Du siehst dieses, du siehst jenes, und ständig blickst du nach außen, ohne dass die Energie jemals zu dir zurückkehrt. Am Tag schaust du in die Welt hinaus, in der Nacht siehst du deine Träume, doch immer bist du auf Objekte im Außen fokussiert. Dadurch vergeudest du deine Energie.

Die taoistische Erfahrung lehrt, dass die Energie, die durch diese Extrovertiertheit nach außen fließt, mehr und mehr kristallisiert und bewahrt werden kann, wenn man die geheime Wissenschaft erlernt, sie zurückzuholen. Das ist möglich; das ist die Wissenschaft, die hinter allen Konzentrationsmethoden steht.

Probier einfach einmal folgendes Experiment aus: Stell dich vor einen Spiegel, schau in den Spiegel, sieh dein eigenes Gesicht darin und blicke in deine eigenen Augen im Spiegel. Dann kehre den Prozess für einen Augenblick einfach um. Stell dir vor, dass du von deinem Spiegelbild angeschaut wirst – nicht dass *du* dein Spiegelbild betrachtest, sondern dass dein Spiegelbild *dich* betrachtet – und du wirst dich in einem völlig neuen Raum wiederfinden.

Auch wenn diese Übung in den taoistischen Schriften nicht erwähnt wird, scheint sie mir doch das einfachste Experiment in diesem Zusammenhang zu sein. Jeder kann es machen, und zwar ganz einfach. Stell dich einfach im Badezimmer vor deinen Spiegel und schau dir dein Spiegelbild an: Du schaust, und das Spiegelbild ist das Objekt. Das ist Außenorientierung. Du blickst in das gespiegelte Gesicht – denn obwohl es dein eigenes Gesicht ist, handelt es sich dabei doch um ein Objekt außerhalb von dir selbst. Dann verändere die Perspektive, kehre den Prozess komplett um. Stell dir vor, dass du das Spiegelbild bist und dass das Bild im Spiegel dich anschaut. Und sofort wird dir eine Veränderung bewusst werden, denn eine starke Energie wird auf dich zukommen. Versuch es einfach mal ein paar Minuten lang, und du wirst dich sehr lebendig fühlen; eine große Kraft wird in dich einfließen. Es kann sogar sein, dass du Angst bekommst, weil du so etwas noch nie erlebt hast; du hast noch nie den vollständigen Energiezyklus erfahren.

Am Anfang ist es möglicherweise beängstigend, weil du so etwas noch nie gemacht und auch noch nie davon gehört hast; es wird dir verrückt vorkommen. Du fühlst dich vielleicht aufgewühlt oder zittrig oder desorientiert, weil deine gesamte Orientierung bisher immer nach außen gerichtet war. Introversion muss erst langsam erlernt werden. Doch dadurch wird der Kreis vollendet. Und wenn du das ein paar Tage lang machst, wirst du überrascht feststellen, wie viel lebendiger du dich den ganzen Tag über fühlst. Und das einfach, indem du dich ein paar Minuten lang vor den Spiegel stellst und die Energie zu dir zurückkommen lässt, so dass der Kreis geschlossen und vollendet ist.

Immer wenn der Kreis geschlossen ist, entsteht eine große Stille. Ein unvollständiger Kreis erzeugt Unruhe. Wenn der Kreis geschlossen ist, erzeugt das Ruhe und Zentrierung. Und zentriert zu sein bedeutet, stark zu sein – es ist deine eigene Kraft.

Das ist nur ein Experiment; anschließend kannst

du die Übung beliebig variieren. Betrachte zum Beispiel eine Rosenblüte. Schau dir zunächst ein paar Augenblicke lang, vielleicht auch ein paar Minuten lang die Blüte an, und dann kehre den Prozess um: Nun blickt die Rose dich an. Und du wirst überrascht feststellen, wie viel Energie die Rose dir geben kann. Dasselbe lässt sich mit Bäumen oder mit Sternen oder mit Menschen machen. Und am besten funktioniert es mit dem Mann oder der Frau, die du liebst. Schaut euch einfach gegenseitig in die Augen. Schau dabei zunächst dein Gegenüber an, und dann nimm wahr, wie dein Gegenüber die Energie zu dir zurücksendet; dein Geschenk kommt zu dir zurück. Du wirst dich erfrischt fühlen, aufgeladen, wie gebadet in einer neuen Art von Energie. Du wirst verjüngt und neu vitalisiert aus dieser Meditation hervorgehen.

Vom Kopf zum Herzen

Versuche einfach mal, kopflos zu sein. Stell dir vor, du hättest keinen Kopf; geh ohne Kopf durchs Leben. Das klingt vielleicht absurd, doch es ist eine der wichtigsten Meditationsübungen. Probier es aus, und du wirst verstehen, warum das so ist. Bewege dich durchs Leben und fühle dich dabei so, als hättest du keinen Kopf. Anfangs wirst du nur so tun,

»als ob«. Es wird sich seltsam anfühlen. Wenn du in dir tatsächlich das Gefühl erzeugen kannst, dass du keinen Kopf hast, wird sich das erst einmal sehr seltsam und absonderlich anfühlen. Doch nach und nach wird sich dein Schwerpunkt zum Herzen verlagern.

Es gibt da eine Gesetzmäßigkeit ... Du hast vielleicht schon davon gehört, dass jemand, der blind ist, ein besseres Hörvermögen entwickelt. Blinde Menschen sind oft musikalischer; sie haben mehr Gespür für Musik. Warum ist das so? Die Energie, die üblicherweise durch die Augen nach außen fließt, kann diesen Weg nicht nehmen und sucht sich deshalb einen anderen Weg. Sie fließt also durch die Ohren.

Blinde Menschen haben auch einen feineren Tastsinn. Wenn ein Blinder dich berührt, wirst du den Unterschied spüren. Normalerweise verwenden wir zum Berühren die Augen, wir berühren einander mit den Augen. Ein Blinder kann nicht mit den Augen berühren, also fließt die Energie bei ihm durch die Hände. Ein Blinder hat deshalb sensiblere Hände als jemand, der sehen kann. Das mag nicht immer so sein, doch im Allgemeinen ist es so. Wenn ein Sinnesorgan fehlt, fließt die Energie einfach durch ein anderes.

Mach also eine Zeitlang diese Übung der Kopflosigkeit – und plötzlich wird dir etwas Seltsames auffallen: Es wird dir so vorkommen, als würdest du zum ersten Mal wirklich in deinem Herzen ankommen. Geh ohne Kopf durchs Leben. Setze dich hin zum Meditieren, schließe deine Augen und stell dir einfach vor, dass du keinen Kopf hast. Stell dir vor: »Mein Kopf ist verschwunden.« Anfangs wirst du nur so tun, als ob, doch nach und nach wird es dir so vorkommen, als sei dein Kopf wirklich verschwunden. Und wenn du spürst, dass dein Kopf verschwunden ist, wird dein Zentrum automatisch zu deinem Herzen hinabsinken. Du wirst die Welt durch das Herz und nicht durch den Kopf betrachten.

Als Menschen aus dem Westen zum ersten Mal nach Japan kamen, waren sie sehr überrascht, dass Japaner traditionell seit Jahrhunderten davon ausgegangen waren, dass der Mensch mit dem Bauch denkt. Wenn du ein japanisches Kind fragst, womit es denkt, wird es – falls es nicht auf westliche Art erzogen wurde – auf seinen Bauch deuten.

Japaner leben also seit Jahrhunderten ohne Kopf. Es handelt sich dabei einfach um ein anderes Konzept. Wenn ich dich frage, womit du denkst, wirst du auf deinen Kopf deuten; ein Japaner dagegen wird auf den Bauch und nicht auf den Kopf deuten. Und das ist einer der Gründe, warum der japanische Verstand ruhiger, stiller und gesammelter ist.

Inzwischen ist dieses Konzept auch im Osten kaum noch bekannt, weil sich die westliche Sichtweise überall verbreitet hat. Jetzt gibt es keine östliche Sichtweise mehr. Nur in ein paar einzelnen Individuen hier und da – wie auf einzelnen Inseln – gibt es noch die östliche Sichtweise. Davon abgesehen ist der Osten verschwunden; die ganze Welt ist inzwischen westlich geworden.

Aber versuch es mal mit Kopflosigkeit. Meditiere vor dem Spiegel in deinem Badezimmer. Schau tief in deine Augen und stell dir vor, dass du vom Herzen aus schaust. Nach und nach wird dadurch dein Herzzentrum aktiv werden. Und wenn das Herzzentrum aktiv ist, verändert das deine gesamte Persönlichkeit, die gesamte Struktur, das gesamte Muster, weil das Herz seine eigenen Wege hat.

Das ist also der erste Schritt: Übe dich in Kopflosigkeit. Und zweitens: Sei liebevoller, denn Liebe kommt nicht aus dem Kopf. Sei liebevoller! Es heißt nicht umsonst, dass Verliebte den Kopf verlieren. Man bezeichnet sie gern als verrückt. Wenn jemand, der verliebt ist, nicht ein bisschen verrückt ist, dann ist er nicht wirklich verliebt. Man muss dafür den Kopf verlieren. Wenn der Kopf immer noch da ist, unberührt und normal funktionierend, dann kann es keine Liebe sein, denn für Liebe braucht es das Herz, nicht den Kopf. Liebe ist eine Funktion des Herzens.

Wenn jemand, der normalerweise sehr rational ist, sich verliebt, wird er töricht. Er wird selbst merken, wie töricht er sich verhält, wie kopflos. Er wird sich fragen, was er da eigentlich macht. Dann wird er möglicherweise versuchen, sein Leben aufzuteilen und die beiden Teile voneinander zu trennen. Er wird versuchen, das Herz zu einer heimlichen, intimen Affäre zu machen, und sobald er aus dem Haus geht, wird er sich wieder vom Herzen wegbewegen. In der Welt lebt er vom Kopf aus, und nur dort, wo er liebt, geht er in sein Herzzentrum. Doch das ist sehr schwierig, und in der Regel funktioniert es nicht.

Ich war einmal bei einem Freund zu Besuch, der ein hochrangiger Polizeibeamter ist. Seine Frau sagte zu mir: »Ich habe ein Problem, über das ich gern mit dir reden würde. Kannst du mir helfen?«

Also fragte ich: »Was für ein Problem hast du denn?«

Sie sagte: »Mein Mann ist mit dir befreundet. Er liebt und achtet dich. Vielleicht hilft es ja, wenn du etwas zu ihm sagst.«

Ich hakte nach: »Was soll ich denn zu ihm sagen? Sag mir, worum es geht.«

Sie antwortete: »Er ist immer ein Polizeibeamter, selbst im Bett. Ich hatte in ihm noch nie einen Liebhaber, einen Freund oder wenigstens einen Ehemann. Vierundzwanzig Stunden am Tag ist er ein Polizeibeamter.«

Es ist sehr schwer, von seinem Sockel herunterzukommen. Es wird zu einer starren Haltung. Wenn du ein Geschäftsmann bist, wirst du auch im Bett ein Geschäftsmann bleiben. Es ist schwierig, zwei verschiedene Menschen in dir zu beherbergen, und es ist nicht leicht, das eigene Muster vollständig zu verändern, wann immer du möchtest. Doch wenn du verliebt bist, musst du aus dem Kopf heraus und ins Herz hinunter kommen.

Für diese Meditation versuche also, liebevoller zu werden. Und wenn ich »liebevoll« sage, meine ich damit, dass sich die Qualität deiner Beziehungen verändern sollte: sie sollten auf Liebe basieren. Werde nicht nur liebevoller zu deiner Frau oder zu deinen Kindern oder zu deinen Freunden, sondern dem Leben selbst gegenüber. Darum haben Mahavira und Buddha von Gewaltlosigkeit gesprochen. Es ging ihnen dabei einfach um eine liebevolle Einstellung gegenüber dem Leben.

Wenn Mahavira spazieren ging, soll er darauf geachtet haben, dass er nicht einmal eine Ameise zertrat. Warum? Es ging ihm dabei nicht wirklich um die Ameise. Es ging ihm darum, aus dem Kopf ins Herz zu kommen. Es ging ihm um eine liebevolle Einstellung gegenüber dem Leben als solchem. Je mehr deine Beziehungen auf Liebe basieren – alle Beziehungen –, desto mehr wird dein Herzzentrum aktiviert. Wenn dein Herzzentrum aktiv ist, wirst du die Welt mit anderen Augen sehen, weil das Herz seine eigene Art hat, die Welt zu betrachten. Der Verstand kann niemals auf diese Weise die Welt betrachten – das ist für den Verstand einfach nicht möglich. Der Verstand kann nur analysieren. Der Verstand kann nur zergliedern und unterteilen – er ist ein Unterteiler. Nur das Herz kann Einheit schaffen. Das Herz verbindet.

Wenn du durch das Herz auf die Welt schaust, wirkt das ganze Universum wie eine einzige Einheit. Wenn du durch den Verstand schaust, zerfällt die Welt in ihre Einzelteile. Dann gibt es keine Einheit, sondern nur Atome und noch mehr Atome. Das Herz vermittelt eine ganzheitliche Erfahrung, es verbindet, und die höchste Einheit ist Gott. Wenn du durch das Herz schauen kannst, wirkt das gesamte Universum wie eine Einheit. Diese Einheit ist Gott.

Darum kann die Wissenschaft Gott niemals finden. Es ist unmöglich, weil die von ihr verwendeten Methoden niemals die letzte und höchste Einheit erreichen können. Die Methode der Wissenschaft ist die Analyse von Ursache und Wirkung, die Zergliederung und Unterteilung. So landet die Wissenschaft bei Molekülen, Atomen, Elektronen. Die Wissenschaftler werden die Welt immer weiter unterteilen, doch sie können dabei niemals zur organischen Einheit des Ganzen gelangen. Es ist unmöglich, mit dem Kopf das Ganze zu sehen.

Sei also liebevoller. Denk daran, was immer du tust, solltest du liebevoll tun. Daran solltest du dich ständig erinnern. Wenn du auf dem Gras gehst – spüre, dass das Gras lebendig ist. Jeder Grashalm ist genauso lebendig wie du selbst.

Sei liebevoll. Sei selbst zu alltäglichen Gegenständen liebevoll. Wenn du auf einem Stuhl sitzt, sei liebevoll. Spüre den Stuhl und fühle dich dankbar ihm gegenüber. Der Stuhl gibt dir Halt; spüre seine Berührung und liebe ihn. Dabei geht es nicht um den Stuhl; es geht einfach darum, eine liebevolle Haltung zu pflegen.

Wenn du isst, iss mit Liebe. Die Inder sagen, dass Nahrung göttlich ist. Das bedeutet nichts anderes, als dass dir die Nahrung Leben, Energie und Vitalität schenkt. Sei dankbar, sei liebevoll deiner Nahrung gegenüber.

In der Regel essen wir sehr brutal – so als würden wir etwas erlegen, und nicht, als würden wir etwas in uns aufnehmen und absorbieren. Oder wir stopfen einfach gedankenlos etwas in uns hinein, ohne Bewusstheit und Gefühl. Berühre das, was du isst, liebevoll und mit Dankbarkeit, denn es dient dir zum

Leben. Nimm es in dich auf, schmecke es, genieße es. Sei nicht gleichgültig und sei nicht brutal.

Unsere Zähne sind sehr brutal, weil sie unser tierisches Erbe verkörpern. Tiere besitzen keine anderen Waffen; Krallen und Zähne sind ihre einzigen Waffen. Eure Zähne sind also im Grunde Waffen, und deshalb bringen die Menschen mit ihren Zähnen immer noch Dinge um – sie erlegen ihre Nahrung. Und je gewalttätiger du bist, desto mehr Nahrung wirst du brauchen.

Doch es gibt eine Grenze für die Nahrungsaufnahme, deshalb greifen die Menschen zu Zigaretten oder Kaugummi. Das ist Gewaltanwendung. Ihr genießt es, weil ihr dabei etwas mit euren Zähnen erlegen könnt, etwas zerkauen und zermalmen. Deshalb kauen so viele Leute Kaugummi. Es ist eine gewalttätige Handlung.

Tu, was immer du tun möchtest, doch tu es liebevoll. Sei nicht gleichgültig dabei. Dann wird dein Herzzentrum aktiv werden, und du wirst tief in deinem Herzen ankommen.

Eins mit dem Himmel werden

Es gibt keine bessere Gelegenheit zum Meditieren als einen Flug in großer Höhe. Je höher, desto einfacher die Meditation. Aus diesem Grund, nämlich um große Höhen zu erreichen, gehen Menschen schon seit Jahrhunderten in den Himalaja zum Meditieren.

Wenn die Schwerkraft geringer wird und der Erdmittelpunkt weiter entfernt ist, dann ist die Anziehungskraft der Erde mit all ihren Verlockungen geringer. Dann ist man weiter entfernt von der verdorbenen Gesellschaft, die die Menschheit aufgebaut hat. Dann ist man nur noch von Wolken und von der Weite des Himmels umgeben, vom Himmel mit seinen Sternen, dem Mond und der Sonne.

Mach also während eines Fluges mal Folgendes: Versuche dich mit dieser Weite eins zu fühlen, und mach das in drei Schritten.

Der erste Schritt: Stell dir ein paar Minuten lang vor, dass du immer größer wirst, so lange, bis du das gesamte Flugzeug ausfüllst.

Dann, beim zweiten Schritt, stellst du dir vor, dass du sogar noch größer wirst, größer als das Flugzeug, so dass das Flugzeug sich nun in dir befindet.

Und beim dritten Schritt spürst du, dass du dich jetzt über den gesamten Himmel ausgedehnt hast. Die Wolken bewegen sich jetzt durch deinen inneren Raum, und der Mond und die Sterne ziehen in dir ihre Bahnen. Du bist endlos, unbegrenzt.

Wenn dieses Gefühl zu deiner Meditation wird, wirst du dich vollkommen entspannt fühlen, alle Spannung wird von dir abfallen. Wenn du dann an deinem Ziel ankommst, wird die Arbeit zum Kinderspiel, ohne jeden Stress – sie passiert ganz von allein. Du wirst dich nach dem Flug frischer fühlen als beim Start. Und sei still dabei. Sag den Flugbegleitern, dass Sie dich nicht ansprechen sollen, außer wenn es unbedingt notwendig ist. Oder häng dir einfach ein Schild um, auf dem steht: »Ich meditiere«, damit die anderen wissen, dass sie dich nicht stören dürfen. Es ist eine großartige Meditation – es gibt nichts Vergleichbares!

Tatsächlich war ganz am Anfang, als das Flugzeug gerade erst erfunden worden war, die Begegnung mit dem weiten Himmel der große Kick des Fliegens. Doch wenn Erfahrungen zu Routine werden, dann verlieren wir das Bewusstsein dafür. Heute ist das Fliegen alltäglich geworden. Wer schaut sich dabei schon noch den Himmel an? Wer begeistert sich noch für die psychedelischen Farben der Wolken, wenn die Sonne sie beleuchtet? Wer schaut schon noch wirklich hin?

Schau dir also bewusst den Himmel an, der dich umgibt, und nach und nach lass den äußeren Himmel und den inneren Himmel in dir zusammenkommen.

TEIL V

Den Knoten lösen – aktive Meditationen als Weg zur inneren Stille

Ihr könnt nicht ruhig sitzen, weil so viel innerer Aufruhr in euch ist. Vielleicht gelingt es euch sogar, äußerlich ruhig zu sein, wie ein Buddha, wie eine Marmorstatue. Doch seid ihr auch tief im Inneren ruhig? Der Körper kann lernen, ruhig zu sein, doch der Verstand lässt sich nicht so leicht beruhigen. Tatsächlich wird der Verstand umso mehr rebellieren, je mehr du den Körper zwingst, still zu sitzen. Der Verstand wird versuchen, dich aus deiner scheinbaren Ruhe zu reißen. Er wird die Herausforderung annehmen und sich erst recht auf dich stürzen, und alle möglichen Gedanken, Wünsche und Fantasien werden in dir auftauchen. Aller mögliche Unsinn wird in deinem Kopf herumtoben, als hätte all das nur darauf gewartet, dass du dich zum Meditieren hinsetzt.

Das war in der Vergangenheit anders. Ein soge-
nannter primitiver Mensch brauchte keine Encoun-
ter-Gruppen; sein ganzes Leben war ein einziges
Encounter! Doch heute sagt ihr Hallo, wenn ihr eigentlich zuschlagen wollt, und wenn ihr jemanden
am liebsten umbringen würdet, lächelt ihr ihn an.
Und ihr täuscht damit nicht nur den anderen; sogar
ihr selbst haltet euer Lächeln für echt. Jeder lebt ein
Doppelleben – das gesellschaftliche Leben, das for-
malen Regeln folgt, und das private Leben, das im
Gegensatz dazu steht.

Ihr braucht deshalb Prozesse, die euch zu eurem
authentischen Selbst führen, die dafür sorgen, dass
eure innere Spaltung sich auflösen kann, damit ihr
zum ersten Mal erkennen könnt, wer ihr wirklich
seid. Eure Moral und eure sogenannten Religionen
lehren euch alle eine Art Doppelleben, sie machen
euch unecht. Sie machen euch nicht echt, sondern
nur höflich, zivilisiert, geschliffen. Sie lehren euch,
nach außen hin »gut« zu sein. Sie geben euch eine
polierte Oberfläche, doch sie kümmern sich nicht um
euer Inneres, obwohl das euer wahres Ich ist.

Ich habe deshalb dynamische, chaotische Medi-
tationsmethoden entwickelt, um euch ein Gefühl für
eure Kindheit zurückzugeben, für die Zeit, als ihr
noch unverfälscht und echt und nicht von der Gesellschaft vergiftet und konditioniert wart; als ihr

noch so wart, wie ihr geboren wurdet, als ihr noch vollkommen natürlich wart.

Warum Katharsis hilfreich ist

Körper und Verstand arbeiten Hand in Hand. Der Verstand ist nur ein Aspekt des physischen Körpers – er ist ein materielles Phänomen, er hat nichts mit deinem Selbst zu tun. Er ist Materie, genauso wie dein Körper. Wenn du also etwas mit dem Körper machst, dann wirkt sich das automatisch auch auf den Verstand aus. Aus diesem Grund haben die Menschen über die Jahrhunderte hinweg bestimmte Haltungen kultiviert – zum Beispiel die Lotushaltung, bei der man den Körper in die Haltung einer Statue zwingt, als wäre er eine Marmorstatue. Wenn dein Körper ganz ruhig ist, wirst du merken, dass dein Verstand auch in eine Art von Stille fällt – die aber falsch ist, die nicht echt ist. Der Verstand wurde nur von der Körperhaltung zur Ruhe gezwungen. Probier einmal folgendes aus: Nimm eine zornige Haltung ein – balle die Fäuste, blicke finster, fletsche die Zähne; nimm einfach eine Haltung des Zorns ein. Dann wirst du erstaunt feststellen, dass du dich dabei tatsächlich zornig fühlst. Das ist es, was ein Schauspieler macht: Er nimmt eine entsprechende Haltung ein, und Verstand und Gefühl folgen nach.

Zwei große Psychologen, James und Lange, haben gegen Ende des neunzehnten Jahrhunderts eine ganz besondere Theorie aufgestellt; sie wurde als die James-Lange-Theorie bekannt. Sie behaupteten etwas Ungewöhnliches, das gegen die bis dahin bestehenden grundlegenden Annahmen verstieß. Normalerweise gehen wir davon aus, dass ein Mensch davonrennt, wenn er Angst hat. Taucht Angst in ihm auf, beginnt er wegzulaufen. James und Lange dagegen sagten, das sei nicht richtig – vielmehr würde der Mensch Angst verspüren, *weil* er wegläuft.

Das erscheint erst einmal absurd, aber es ist durchaus etwas Wahres dran. Die übliche Sichtweise war nur die eine Hälfte der Wahrheit, und diese Theorie ist die andere Hälfte. Wenn du anfängst zu lachen, wirst du dich bald weniger deprimiert fühlen als zuvor. Wenn du dich Freunden anschließt, die lachen und Witze machen, wirst du deine Traurigkeit und dein Elend vergessen. Du wirst anfangen zu lachen, und sobald du anfängst zu lachen, geht es dir gut. Es beginnt mit dem Körper.

Probier es einmal aus! Wenn du dich deprimiert fühlst, dann geh joggen, lauf sieben Mal um den Block, nimm tiefe Atemzüge, in der Sonne, im Wind, und nach sieben Runden bleib stehen und überprüfe, wie du dich fühlst. Du wirst dich anders fühlen als zuvor. Die Veränderung im Körper hat auch eine Veränderung im Geist bewirkt.

Die Körperchemie hat Einfluss auf den Geist. Daher die Yogapositionen – sie dienen dazu, den Verstand in ein gewisses Muster zu zwingen. Dadurch entsteht aber keine wirkliche Stille. Wirkliche Stille ist eine Stille, die ganz von allein auftaucht. Mein Vorschlag ist deshalb, den Körper nicht zu zwingen. Tanze, singe, beweg dich, laufe, jogge, schwimme – lass den Körper alle möglichen Bewegungen machen, damit auch der Geist alle möglichen Bewegungen mitbekommt, und durch diese inneren Bewegungen wird der Verstand eine Katharsis durchmachen und das innere Gift loswerden.

Schrei, sei wütend, schlage auf ein Kissen ein – und du wirst erstaunt feststellen, dass es dir danach viel besser geht. Etwas im Verstand ist freigesetzt worden. Es spielt keine Rolle, ob du deinen Freund schlägst, deinen Ehemann oder ein Kissen. Das Kissen ist genauso gut wie dein Ehemann, weil es den Körper nicht interessiert, wen oder was du schlägst. Nimm einfach nur die Position des Schlagens ein, und der Verstand wird seinen Ärger loswerden. Körper und Geist arbeiten zusammen.

Beginne also mit Katharsis, damit sich all der Schrott entladen kann, der sich von Kindheit an in dir angesammelt und aufgestaut hat. Du warst wütend, doch du durftest nicht wütend sein, weil deine Mutter böse auf dich wurde, wenn du wütend warst – also hast du die Wut unterdrückt. Du warst wütend, du wolltest schreien, doch du durftest nicht schreien; stattdessen hast du gelächelt. Alles, was sich dadurch in dir angesammelt hat, muss entfernt werden. Und dann warte ab … Stille wird von allein in dir auftauchen. Diese Stille besitzt eine ganz eigene Schönheit. Sie ist vollkommen anders; ihre Qualität ist anders, ihre Tiefe ist anders.

Verschiedene Meditationstechniken

1. Gibberish – den mentalen Müll entsorgen

Du schläfst vielleicht nicht gut in der Nacht. Nur wenige Menschen schlafen wirklich gut, und wenn man nicht gut geschlafen hat, fühlt man sich den ganzen Tag über immer leicht müde. Wenn das auf dich zutrifft, dann tu etwas für deinen Schlaf. Er sollte tiefer werden. Es geht dabei nicht so sehr um die Dauer des Schlafs – du kannst acht Stunden lang schlafen, doch wenn der Schlaf nicht tief genug war, fühlst du dich anschließend immer noch schlafbedürftig. Die Tiefe des Schlafs ist entscheidend.

Versuch dann einfach mal jeden Abend, bevor du dich schlafen legst, folgende einfache Technik, die sehr hilfreich sein kann. Mach dich bereit zum

Schlafen und lösche das Licht, aber setz dich erst einmal fünfzehn Minuten lang aufs Bett, bevor du dich hinlegst. Schließe die Augen und dann fang an, irgendeinen unsinnigen monotonen Laut von dir zu geben, zum Beispiel: la, la, la – und warte darauf, dass dein Verstand neue Laute hervorbringt. Das Einzige, was dabei zu beachten ist: Diese Laute oder Worte sollten keiner Sprache angehören, die du beherrschst. Wenn du Englisch, Deutsch und Italienisch sprichst, dann sollten sie nicht italienisch, deutsch oder englisch sein. Jede andere Sprache, die du nicht beherrschst, ist erlaubt – Tibetisch, Chinesisch, Japanisch. Aber wenn du Japanisch sprichst, dann ist Japanisch nicht erlaubt – dann funktioniert Italienisch wunderbar.

Sprich also irgendeine Sprache, die du nicht beherrschst. Du wirst feststellen, dass dir das am ersten Tag ein paar Sekunden lang etwas schwer fallen wird: Wie spricht man eine Sprache, die man nicht beherrscht? Es geht aber durchaus, wenn man erst einmal damit angefangen hat … Sprich einfach irgendwelche Laute, irgendein Kauderwelsch, einfach um das Bewusstsein auszuschalten und das Unbewusste sprechen zu lassen. Wenn das Unbewusste spricht, kennt es keine Sprache.

Das ist eine sehr, sehr alte Technik, die aus dem Alten Testament stammt. Damals wurde sie als

»Glossolalie« bezeichnet, und manche Kirchen verwenden diese Technik noch heute. Sie nennen sie »In Zungen sprechen«. Und es ist eine wunderbare Technik, eine, die sehr tief ins Unbewusste reicht. Man fängt an, indem man einfach »La, la, la« sagt, und dann spricht man aus, was immer auftaucht. Am ersten Tag wird es dir möglicherweise noch etwas schwer fallen. Wenn es dann irgendwann zu fließen beginnt, ist der Knoten geplatzt. Dann verwende einfach fünfzehn Minuten lang die Sprache, die dir einfach so kommt; und verwende sie auch wirklich als Sprache, so als würdest du damit sprechen. Es ist eine Technik, die das Bewusstsein enorm entspannt.

Mach das fünfzehn Minuten lang und leg dich anschließend zum Schlafen hin. Dein Schlaf wird dadurch tiefer werden. Nach ein paar Wochen wirst du feststellen, dass dein Schlaf wirklich tiefer geworden ist und dass du dich am Morgen vollkommen wach und erfrischt fühlst.

2. Den Tag mit Lachen beginnen

Wenn du am Morgen aufwachst, mach nicht gleich die Augen auf. Wenn du spürst, dass du wach bist, fang einfach in deinem Bett zu lachen an.

Die ersten zwei oder drei Tage wird dir das möglicherweise schwerfallen, doch dann kommt es von allein – und dann kommt es wie eine Explosion. Anfangs ist es schwierig, weil es dir lächerlich vorkommt: Warum lachst du? Es gibt keinen Grund dafür. Doch nach und nach wirst du dir lächerlich vorkommen und anfangen, über deine eigene Lächerlichkeit zu lachen – und dann passiert es von allein. Dann lässt es sich nicht mehr unterdrücken. Dann lachst du einfach über die Absurdität des Ganzen. Und dann fängt jemand anderer – deine Frau, deine Freundin, dein Nachbar – vielleicht ebenfalls zu lachen an, weil du dich so lächerlich aufführst. Und das macht es noch leichter. Das Lachen kann sich wie eine Epidemie ausbreiten.

3. Eine Zentrierungstechnik

Du bist bereits ganz. Nicht an der Oberfläche – an der Oberfläche herrscht Aufruhr; an der Oberfläche bist du fragmentiert. Doch begib dich in dein Inneres, und je tiefer du gehst, desto mehr wirst du feststellen, dass du ganz bist. Es kommt ein Punkt, im innersten Schrein deines Seins, an dem du plötzlich feststellen wirst, dass du eine Einheit bist, eine vollkommene Einheit. Es geht also nur darum, diese zu entdecken.

Wie kann man sie entdecken? Es gibt eine ganz einfache Technik dafür, auch wenn sie am Anfang ziemlich schwierig wirkt. Wenn du sie ausprobierst, wirst du feststellen, dass sie ganz einfach ist. Wenn du sie nicht ausprobierst und nur darüber nachdenkst, wird sie dir sehr schwierig vorkommen. Die Technik besteht darin, nur das zu tun, was dir Freude macht. Wenn dir etwas keine Freude macht, dann tu es nicht. Versuch es einmal – denn Freude entsteht nur aus dem inneren Zentrum. Wenn du etwas machst und dabei Freude empfindest, dann verbindet dich das mit deinem Zentrum. Wenn du etwas machst, das dir keine Freude bereitet, bist du von deinem Zentrum getrennt. Freude kann nur aus dem Zentrum auftauchen, von nirgendwo sonst. Mach das also zum Kriterium deines Handelns, und sei fanatisch dabei.

Wenn du eine Straße entlang gehst und plötzlich merkst, dass es dir keine Freude mehr macht, halte an. Stopp, Ende – Schluss damit.

Ich habe das während meiner Studienzeit immer so gemacht, und die Leute dachten, ich sei verrückt geworden. Plötzlich hielt ich irgendwo inne, und dann blieb ich an diesem Punkt stehen, eine halbe Stunde lang oder eine Stunde lang – so lange, bis es mir wieder Freude gemacht hat, weiterzugehen. Wenn ich gebadet habe und plötzlich gemerkt habe, dass es mir keine Freude macht, hörte ich auf damit – wozu weitermachen? Wenn ich beim Essen war und plötzlich gemerkt habe, dass ich es nicht genieße, hörte ich auf. Meine Professoren waren so besorgt wegen meines Verhaltens, dass sie mich vor

Prüfungen immer in ein Auto steckten und zur Universität brachten. Sie brachten mich bis zur Tür des Prüfungssaals und warteten dort, um sicherzugehen, dass ich meinen Platz erreicht hatte und nicht in der Mitte des Raums stehengeblieben war.

Als ich noch an der Highschool war, meldete ich mich einmal für Mathematik an. Am ersten Tag ging ich in die Klasse und der Lehrer gab eine Einführung in das Thema. Mittendrin stand ich auf und wollte gehen. Der Lehrer fragte: »Wo gehst du hin? Was hast du vor? Wenn du jetzt gehst, ohne um Erlaubnis zu bitten, dann lasse ich dich nicht mehr herein.«

Ich antwortete: »Ich werde auch nicht wiederkommen, keine Sorge. Deshalb habe ich auch nicht um Erlaubnis gebeten. Ich bin fertig damit – das ist nichts, was mir Freude macht. Ich werde mir ein anderes Fach suchen, etwas, das mir Freude macht, denn was mir keine Freude macht, mache ich nicht. Das wäre doch Gewaltanwendung, die reinste Tortur!«

Nach und nach wurde das zu einem Schlüssel für mich. Ich erkannte, dass man immer dann im eigenen Zentrum ist, wenn einem etwas Freude macht. Freude ist die Energiequalität des Zentriertseins. Immer wenn dir etwas keine Freude macht, bist du nicht in deinem Zentrum. In diesem Fall erzwinge nichts; es besteht schließlich keine Notwendigkeit dazu. Wenn die Leute dich für verrückt halten, lass sie denken, was sie wollen. Schon nach ein paar Tagen wirst du aus eigener Erfahrung wissen, was dir immer gefehlt hat. Du hast tausend Dinge gemacht, die dir keine Freude gemacht haben, und trotzdem hast du sie gemacht, einfach, weil man es dir so beigebracht hat. Du hast einfach nur deine Pflicht erfüllt.

Die Menschen haben sogar eine so wunderbare Sache wie die Liebe dadurch kaputt gemacht. Du kommst nach Hause und küsst deine Frau, weil es sich so gehört, weil man das so macht. Dadurch wird eine so wunderbare Sache wie ein Kuss einfach kaputt gemacht. Nach und nach wirst du deine Frau einfach nur noch küssen, ohne dass es dir wirklich Freude macht; du wirst vollkommen vergessen, wie wunderbar es ist, einen anderen Menschen zu küssen. Dasselbe gilt für das Händeschütteln. Du schüttelst jedem die Hand, den du triffst – aber ohne dass es eine Bedeutung hat, ohne Botschaft darin, kalt, ohne Wärme. Einfach nur tote Hände, die sich gegenseitig schütteln und Hallo sagen. Ihr lernt diese kalte Geste, diese tote Geste. Dadurch gefriert ihr selbst, ihr werdet zum Eiswürfel. Und dann fragt ihr euch: »Wie kann ich mit meinem Zentrum in Kontakt kommen?«

Das Zentrum steht dir offen, wenn du warm bist, wenn du im Fluss bist, wenn du am Schmelzen bist, voller Liebe, voller Ekstase, voller Tanz, voller Entzücken. Es hängt also von dir ab. Mach nur noch die Dinge, die du wirklich gern machst, die dir Freude machen. Wenn dir etwas keine Freude macht, dann hör auf, es zu tun. Finde etwas anderes, etwas, das dir Freude macht. Es gibt garantiert irgendetwas, was dir Freude macht. Ich bin noch nie jemandem begegnet, dem wirklich nichts Freude gemacht hat. Es gibt Leute, die keine Freude an der einen oder anderen Sache haben, aber das Leben ist unermesslich vielfältig. Bleib also nicht an einer Sache hängen, lass dich fließen. Lass deine Energie mehr ins Fließen geraten. Lass sie fließen, lass sie anderen Energien begegnen, die dich umgeben. Bald wirst du erkennen, dass gar nicht die Ganzheit das Problem war; das Problem war, dass du vergessen hattest, wie deine Energie ins Fließen kommen kann. Wenn deine Energie fließt, wirst du dich plötzlich ganz fühlen. Manchmal passiert das auch vollkommen zufällig, aber es passiert immer aus demselben Grund.

Manchmal verliebst du dich in eine Frau oder einen Mann, und plötzlich fühlst du dich ganz; plötzlich hast du zum ersten Mal das Gefühl, dass du eins mit dir bist. Deine Augen haben einen besonderen Glanz, dein Gesicht strahlt, dein Geist ist nicht mehr stumpf und träge. Etwas in dir beginnt hell zu scheinen – ein Lied taucht in dir auf, dein Gang ist voller

Schwung und Anmut. Du bist plötzlich ein vollkommen anderes Wesen.

Doch das sind seltene Momente, weil wir das Geheimnis dahinter nicht kennen. Das Geheimnis besteht darin, dass du etwas gefunden hast, was dir Freude macht. Das ist das ganze Geheimnis. Ein Maler mag beim Malen vielleicht hungrig sein, doch sein Gesicht wird trotzdem einen zufriedenen Ausdruck tragen. Ein Dichter mag vielleicht arm sein, doch wenn er sein Lied singt, ist er der reichste Mann der Welt. Niemand ist reicher als er. Was ist das Geheimnis? Das Geheimnis besteht darin, dass er voller Freude den Augenblick genießt. Wann immer du etwas voller Freude tust, bist du im Einklang mit dir selbst und im Einklang mit dem Universum – denn dein eigenes Zentrum ist das Zentrum von allem.

Lass diese kleine Erkenntnis also zum Schlüssel für dich werden. Tu nur das, was dir Freude macht, ansonsten lass es bleiben. Wenn du eine Zeitung liest und irgendwann feststellst, dass es dir keine Freude mehr macht, dann lass es sein. Warum liest du noch? Hör sofort auf damit. Wenn du dich mit jemandem unterhältst und mittendrin bemerkst, dass es dir keine Freude mehr macht – selbst wenn es mitten in einem Satz passiert –, dann hör sofort auf. Wenn es dir keine Freude macht, bist du nicht verpflichtet, damit weiterzumachen. Am Anfang wird es ein bisschen seltsam wirken. Aber jeder ist ein bisschen seltsam, deshalb glaube ich nicht, dass es ein Problem sein wird. Du kannst es einfach mal ausprobieren und üben.

Innerhalb von wenigen Tagen wirst du immer wieder in Kontakt mit deinem Zentrum kommen, und dann wirst du verstehen, was ich meine, wenn ich sage, dass das, wonach du suchst, bereits in dir vorhanden ist. Es liegt nicht in der Zukunft. Es hat nichts mit der Zukunft zu tun. Es ist bereits hier und jetzt möglich; es ist bereits vorhanden.

4. Laufen, joggen und schwimmen

Es ist ganz einfach und natürlich, wach und aufmerksam zu bleiben, wenn man in Bewegung ist. Wenn du still sitzt, ist die natürliche Tendenz eher die, einzuschlafen. Wenn du im Bett liegst, ist es sehr schwer, wach zu bleiben, weil die gesamte Situation zum Einschlafen verleitet. Doch wenn du in Bewegung bist, kannst du nicht einfach einschlafen; alle Funktionen sind wach. Das einzige Problem dabei ist, dass die Bewegung mechanisch werden kann.

Lerne, Körper, Geist und Seele zu verschmelzen. Finde Gelegenheiten, bei denen du als Einheit funktionieren kannst.

Ganz oft passiert das bei Läufern. Ihr denkt beim Thema Laufen vielleicht nicht automatisch an Meditation, doch viele Läufer haben beim Rennen intensive Meditationserfahrungen. Und sie sind selbst überrascht darüber, denn sie haben nicht damit gerechnet – wer denkt schon, dass man beim Laufen Gotteserfahrungen machen kann? Doch das ist durchaus möglich und schon häufig passiert. Deshalb wird Laufen heutzutage mehr und mehr zu einer neuen Meditationstechnik. Denn Meditation kann beim Laufen ganz leicht von allein geschehen.

Vielleicht bist du schon mal am frühen Morgen gelaufen, wenn die Luft ganz klar und frisch ist und die ganze Welt langsam aus dem Schlaf erwacht … Du läufst, und dein Körper fühlt sich kraftvoll an, die Luft ist frisch, die Welt wie neugeboren nach der Dunkelheit der Nacht, die Vögel singen und du fühlst dich vollkommen lebendig – dann kann plötzlich ein Augenblick kommen, in dem der Läufer verschwindet und nur noch das Laufen übrigbleibt. Körper, Geist und Seele funktionieren als Einheit, und es fühlt sich an wie ein innerer Orgasmus.

Läufer erleben manchmal ganz ohne Absicht diesen Zustand, in dem der Verstand verschwindet und nur noch reines Bewusstsein übrigbleibt, doch oft fällt es ihnen überhaupt nicht auf. Sie denken, ihre Freude sei nur auf das Laufen zurückzuführen: Es war eben ein schöner Tag, der Körper gesund und die Welt grandios, einfach eine besondere Stimmung. Meistens nehmen sie gar keine Notiz davon, aber manchmal schon. Meine Beobachtung zeigt, dass ein Läufer leichter in einen Zustand der Meditation verfallen kann als irgendjemand sonst.

Joggen kann also sehr hilfreich sein, und auch Schwimmen kann sehr hilfreich sein. All das muss einfach nur in Meditation verwandelt werden.

Lasst die alten Vorstellungen von Meditation los – dass Meditation darin besteht, in der Lotushaltung unter einem Baum zu sitzen. Das ist nur eine Möglichkeit, und für manche Menschen mag sie geeignet sein, aber nicht für alle. Für ein kleines Kind ist das nicht Meditation, sondern Folter. Für einen jungen Mann, der vor Lebenskraft vibriert, ist das nicht Meditation, sondern Repression.

Fang an, jeden Morgen zum Laufen zu gehen. Starte mit einem halben Kilometer, dann einem Kilometer, und schließlich versuche wenigstens fünf Kilometer zu laufen. Setze beim Laufen den ganzen Körper ein; lauf nicht, als würdest du in einer Zwangsjacke stecken. Laufe wie ein kleines Kind, mit dem ganzen Körper, mit Händen und Füßen. Atme tief und aus dem Bauch heraus. Setz dich danach unter einen Baum, ruh dich aus, lass die kühle Brise deinen Schweiß trocknen, spüre, wie friedlich alles ist. Das wird dich enorm unterstützen.

Stell dich manchmal einfach ohne Schuhe auf die nackte Erde und spüre die Kühle, die Weichheit oder die Wärme. Spüre einfach, was die Erde dir in diesem Augenblick schenkt, und lass es durch dich hindurchfließen. Und erlaube deiner Energie, in die Erde zu fließen. Sei mit der Erde verbunden.

Wenn du mit der Erde verbunden bist, bist du mit dem Leben verbunden. Wenn du mit der Erde verbunden bist, bist du mit deinem Körper verbunden. Wenn du mit der Erde verbunden bist, wirst du sensibel und zentriert, und das ist genau das, was es braucht.

Werde niemals zu einem Profiläufer, bleib immer ein Amateur, so dass deine Aufmerksamkeit erhalten bleibt. Wenn du irgendwann das Gefühl bekommst, dass das Laufen zu einem Automatismus geworden ist, dann lass es bleiben; versuch stattdessen etwas anderes, zum Beispiel Schwimmen. Wenn das automatisch wird, dann versuch es mit Tanzen. Denk daran, dass es bei der Bewegung einfach nur darum geht, Wachheit und Aufmerksamkeit zu erzeugen. Solange die Bewegung Wachheit erzeugt, ist sie gut. Wenn sie keine Wachheit mehr erzeugt, ist sie nicht mehr von Nutzen; dann wechsle zu einer anderen Form von Bewegung, so dass du wieder wach sein musst. Lass niemals zu, dass deine Aktivitäten automatisch werden.

Oshos Aktive Meditationen

Ich sage den Leuten nie, dass sie einfach mit Meditation im Sitzen beginnen sollen. Lieber sollen sie mit etwas anfangen, was ihnen leicht fällt. Andernfalls werden sie unnötigerweise mit vielen Hindernissen konfrontiert – mit Dingen, die eigentlich gar nicht da sind.

Wenn man mit Meditation im Sitzen beginnt, nimmt man erst einmal viele Störungen im Inneren wahr. Je mehr man versucht, einfach nur zu sitzen, desto mehr Störungen wird man wahrnehmen. Man wird einfach nur seinen durchgedrehten Verstand wahrnehmen und nichts sonst. Das führt nur zu Depression und Frustration statt zu innerer Glückseligkeit. Stattdessen wird man das Gefühl bekommen, dass man komplett verrückt ist. Und manchmal wird jemand auch verrückt dabei!

Wenn man sich ernsthaft bemüht, »einfach nur zu sitzen«, dann wird man vielleicht wirklich verrückt. Nur weil die meisten Menschen es nicht wirklich ernsthaft versuchen, werden sie nicht verrückt dabei. Wenn man einfach nur im Sitzen zu meditieren beginnt, stößt man auf so viel Wahnsinn in sich, dass man möglicherweise wirklich wahnsinnig wird, wenn man ernsthaft damit weitermacht. Das ist schon öfter passiert. Daher schlage ich nichts vor, was zu Frustration und Depression führen könnte – was euch euren Wahnsinn zu sehr bewusst machen könnte. Möglicherweise seid ihr nämlich noch nicht bereit, zu erkennen, wie viel Wahnsinn tatsächlich in euch steckt.

Man muss euch Zeit lassen, gewisse Dinge erst allmählich zu erfahren. Wissen ist nicht immer gut. Es muss sich langsam entfalten, in Verbindung mit der zunehmenden Fähigkeit, es aufzunehmen. Daher lasse ich euch mit eurem Wahnsinn beginnen, und nicht mit einer sitzenden Position. Ich lasse euren

Wahnsinn zu. Wenn ihr vollkommen verrückt tanzt, dann geschieht in euch genau das Gegenteil. Durch das verrückte Tanzen werdet ihr euch eines stillen Punktes in euch selbst bewusst; wenn ihr dagegen still sitzt, werdet ihr euch des Wahnsinns in euch bewusst. Der Punkt der Bewusstheit richtet sich immer auf den Gegenpol.

Mit verrücktem und chaotischem Tanzen, mit Lachen und Weinen, mit chaotischem Atmen gebe ich eurem ganzen Wahnsinn Raum. Dann könnt ihr euch eines subtilen Punktes in euch gewahr werden, eines Punktes tief in euch, der ruhig und still ist, im Gegensatz zu dem ganzen Wahnsinn an der Oberfläche. Plötzlich werdet ihr euch selig fühlen, denn in eurem Zentrum ist eine innere Stille. Doch wenn ihr einfach nur still sitzt, dann ist das Innere das Verrückte. Dann seid ihr nach außen still, doch im Inneren seid ihr wahnsinnig.

Daher ist es besser, mit etwas Aktivem zu beginnen – etwas Positivem, Lebendigem, Bewegtem. Dann werdet ihr spüren, wie die innere Stille wachsen kann. Je mehr sie wächst, desto mehr könnt ihr auch eine sitzende oder liegende Position beim Meditieren einnehmen, und desto mehr wird stille Meditation möglich werden. Doch zu diesem Zeitpunkt haben sich die Dinge dann bereits vollkommen verändert.

Eine Meditationstechnik, die mit Bewegung, mit

Aktion startet, hilft euch auch auf andere Art und Weise. Sie wird zur Katharsis. Wenn ihr einfach nur sitzt, seid ihr frustriert: Euer Körper möchte sich bewegen, und ihr sitzt einfach nur da. Jeder Muskel zuckt, jeder Nerv zuckt. Damit versucht ihr euch selbst etwas aufzuzwingen, was nicht natürlich für euch ist. Dadurch spaltet ihr euch auf in eine Hälfte, die etwas erzwingen will, und eine andere Hälfte, die gezwungen wird. Und der Teil, der gezwungen und unterdrückt wird, ist eigentlich der authentischere Teil. Er ist auch der größere Teil, größer als der, der etwas erzwingen will; und der größere Teil wird mit Sicherheit gewinnen.

Das, was ihr alle immer unterdrückt habt, muss aber aus dem System entfernt und nicht ständig unterdrückt werden. Es hat sich in euch angesammelt, weil ihr es ständig nur unterdrückt habt. Eure ganze Erziehung, eure gesamte Zivilisation und Kultur sind repressiv. Ihr habt vieles unterdrückt, was ihr mit einer anderen Erziehung, mit einer bewussteren Erziehung, mit bewussteren Eltern, leicht losgeworden wärt. Mit mehr Wissen über die inneren Mechanismen der Psyche hätte eure Kultur euch erlauben können, viele Dinge leicht loszuwerden.

Wenn ein Kind zum Beispiel wütend ist, sagen wir zu ihm: »Sei nicht so wütend.« Also beginnt es, seine Wut zu unterdrücken. Nach und nach wird dann das, was zuerst nur ein momentaner Zustand war, zu einem Dauerzustand. Das Kind wird zwar nicht mehr wütend agieren, aber innerlich wird es voller Wut sein. Ihr habt alle unglaublich viel Wut angestaut wegen Dingen, die eigentlich nur kleine momentane Ärgernisse waren. Niemand kann ständig wütend sein, außer die Wut wurde unterdrückt. Wut ist normalerweise ein kurzfristiger Zustand, der kommt und wieder geht; wenn die Wut ausgedrückt worden ist, bist du nicht mehr wütend. Wenn es nach mir ginge, würde ich Kindern also erlauben, ganz authentisch wütend zu sein. Sei ruhig wütend, und sei es ganz und gar. Unterdrücke es nicht.

Natürlich kann es damit auch Probleme geben. Wenn ich euch sage: »Seid ruhig wütend«, dann werdet ihr vermutlich auf irgendjemanden wütend sein, dann werdet ihr eure Wut auf jemanden richten. Aber einem Kind kann man es gleich richtig beibringen. Man kann ihm ein Kissen geben und ihm sagen: »Lass deine Wut an dem Kissen aus. Hau das Kissen.« So kann ein Kind von Anfang an dazu erzogen werden, seine Wut abzuleiten. Man kann ihm irgendein Objekt geben, und das Kind kann das so lange auf den Boden werfen, bis seine Wut sich aufgelöst hat. Innerhalb von Minuten, ja von Sekunden wird die Wut verschwunden sein, ohne dass sie sich jemals aufstauen kann.

Ihr habt Wut angestaut, Sexualität, Gewalt, Gier – einfach alles. Diese angestaute Energie macht euch innerlich verrückt. Sie ist da, in euch. Wenn ihr mit einer Meditationsform anfangt, die repressiv wirkt – wie zum mit Beispiel einfachem Sitzen –, dann unterdrückt ihr all diese angestaute Energie in euch noch mehr, dann erlaubt ihr nicht, dass sie sich entlädt. Daher fange ich immer mit kathartischen Methoden an. Lasst zuerst all die unterdrückten Gefühle an die Luft. Und wenn ihr eurer Wut Luft machen könnt, ohne sie gegen jemanden zu richten, seid ihr reif geworden.

Dynamische Meditation

Diese Meditation ist ein schneller, intensiver und gründlicher Weg, alte, festgefahrene Muster in Körper und Geist aufzubrechen, die dich in der Vergangenheit gefangen halten, und die Freiheit, die Stille und den Frieden zu erfahren, die hinter diesen Gefängnismauern verborgen liegen.

Die Meditation wird am besten frühmorgens gemacht, wenn »die Natur erwacht, die Nacht vorüber ist, die Sonne aufgeht und alles bewusst und wach wird«. Du kannst diese Meditation allein machen, doch am Anfang ist es sehr hilfreich, sie in einer Gruppe zusammen mit anderen Menschen zu machen. Es handelt sich aber um eine individuelle Erfahrung, deshalb vergiss die anderen um dich herum und bleib ganz bei dir.

Die Meditation sollte zu der eigens dafür produzierten Musik (OSHO Dynamic Meditation) gemacht werden, die die einzelnen Phasen kenntlich macht und energetisch unterstützt. Weitere Details dazu im Anhang.

Es braucht Zeit – es braucht mindestens drei Wochen, um ein Gefühl dafür zu bekommen, und drei Monate, um in eine andere Welt einzutauchen. Aber das lässt sich nicht definitiv sagen, denn es hängt ganz vom Einzelnen ab. Wenn deine Intensität sehr groß ist, kann es bereits nach drei Tagen geschehen.

Anleitung

Die Meditation dauert eine Stunde und hat fünf Phasen. Halte deine Augen die ganze Zeit über geschlossen oder trage, wenn du möchtest, eine Augenbinde.

Dies ist eine Meditation, bei der du hellwach, bewusst und aufmerksam sein musst, was immer du auch tust. Bleibe ein Beobachter dabei. Und wenn du – in der vierten Phase – vollkommen still stehst, wie eingefroren, dann erreicht die Wachheit ihren Höhepunkt.

Erste Phase: 10 Minuten

Atme chaotisch durch die Nase ein und aus. Atme heftig, tief und schnell, ohne Rhythmus, ohne Muster – mit der Betonung auf dem Ausatmen. Für das Einatmen sorgt der Körper von allein. Der Atem sollte die Lungen ganz füllen. Atme so schnell und heftig, wie du nur kannst, bis du vollkommen zum Atmen geworden bist. Nutze dabei die natürlichen Bewegungen des Körpers, um die Energie in dir aufzubauen. Spüre, wie die Energie zunimmt, aber gib sie während der ersten Phase noch nicht nach außen ab.

Zweite Phase: 10 Minuten

EXPLODIERE! Lass alles raus, was raus möchte. Folge den Impulsen deines Körpers. Gib ihm die Freiheit, alles auszudrücken, was da ist. Werde total verrückt: Schreie, brülle, weine, stampfe, hüpfe, schüttle dich, tanze, singe, lache, tobe. Halte nichts zurück, halte deinen ganzen Körper ständig in Bewegung. Oft hilft ein bisschen Schauspielern am Anfang, um reinzukommen. Lass nicht zu, dass dein Kopf sich einmischt. Lass dich ganz bewusst durchdrehen. Sei total – geh vollkommen darin auf.

Dritte Phase: 10 Minuten

Springe mit erhobenen Armen auf und ab und rufe dabei das Mantra »Huh! Huh! Huh!« so tief aus dem Bauch heraus wie nur möglich. Jedes Mal, wenn du auf deinen Füßen landest, und zwar mit der ganzen Sohle, lass diesen Ton tief in dein Sexzentrum hämmern. Gib alles, was du hast, bis zur kompletten Erschöpfung.

Vierte Phase: 15 Minuten

STOPP! Erstarre und bleibe genau in der Position stehen, in der du dich gerade befindest. Bewege dich nicht mehr. Ein Räuspern, eine Bewegung, und schon zerstreut sich die Energie und die ganze Mühe war umsonst. Sei einfach nur Zeuge und beobachte alles, was mit dir geschieht.

Fünfte Phase: 15 Minuten

Feiere! Bewege dich zur Musik, tanze, drücke alles aus, was da ist, und nimm diese Lebendigkeit mit in den Tag.

Anmerkung: Falls du dort, wo du meditierst, keinen Lärm machen darfst, kannst du die stille Variante wählen. Statt die Emotionen laut herauszuschreien, lass in der zweiten Phase die Katharsis einfach nur durch die Bewegungen deines Körpers geschehen.

In der dritten Phase lass das Mantra Huh! lautlos in deinem Inneren hämmern, und in der letzten Phase kannst du alles im Tanz ausdrücken.

Jemand hat einmal gesagt, dass die Meditation, die wir hier machen, der schiere Wahnsinn sei. Und das ist sie auch! Doch es steckt eine bewusste Absicht dahinter. Es ist ein Wahnsinn mit Methode, ganz bewusst so konzipiert.

Denkt daran: Man kann nicht mit Absicht verrückt werden. Wirklicher Wahnsinn ergreift einen – nur so wird man wahnsinnig. Wenn man freiwillig verrückt wird, ist das eine vollkommen andere Sache. Im Grunde habt ihr die ganze Zeit hindurch die Kontrolle, und jemand, der seinen Wahnsinn unter Kontrolle hat, wird niemals wirklich verrückt.

Kundalini-Meditation

Diese »Schwester« der Dynamischen Meditation wird am besten bei Sonnenuntergang oder am späten Nachmittag gemacht. Wenn man vollkommen im Schütteln und Tanzen der ersten beiden Phasen aufgeht, können sich die Panzerungen auflösen, die überall dort entstanden sind, wo der Energiefluss unterdrückt und blockiert wurde. Dann kann die Energie fließen, tanzen und sich in Freude und Glückseligkeit verwandeln. Die beiden letzten Phasen unterstützen die Energie darin, nach oben in die Stille zu fließen.

Diese Meditation ist eine sehr effektive Methode, um sich am Ende des Tages zu entspannen und loszulassen.

Auch diese Meditation sollte zu der speziell dafür produzierten Musik gemacht werden (OSHO Kundalini Meditation), die die verschiedenen Phasen kenntlich macht und energetisch unterstützt. Weitere Informationen dazu im Anhang.

Anleitung
Die Meditation dauert eine Stunde und hat vier Phasen.

Erste Phase: 15 Minuten
Sei locker und lass deinen ganzen Körper sich schütteln. Spüre die Energie von den Füßen aufsteigen. Lass alle Spannungen im Körper los und werde zum Schütteln. Die Augen können dabei offen oder geschlossen sein.

Zweite Phase: 15 Minuten
Tanze, wie es dir Spaß macht, und lass den ganzen Körper sich bewegen, wie er möchte. Die Augen können dabei offen oder geschlossen sein.

Dritte Phase: 15 Minuten
Schließe die Augen und werde still. Setz dich hin oder bleib stehen und beobachte einfach nur, was innen und außen geschieht.

Vierte Phase: 15 Minuten
Lege dich mit geschlossenen Augen hin und werde still.

Anmerkung: Wenn du möchtest, kannst du in der vierten Phase auch sitzen.

Lass das Schütteln von selbst geschehen – mache es nicht! Stell dich still hin und fühle es kommen, und wenn dein Körper anfängt, leicht zu zittern, hilf ein bisschen nach, aber mache es nicht. Genieße es, freue dich darüber, lass es zu, heiße es willkommen, aber erzwinge es nicht.

Wenn du es willentlich erzwingst, wird eine Körperübung daraus, eine Gymnastik. Dann ist zwar ein Schütteln da, aber nur an der Oberfläche; es durchdringt dich nicht. Im Inneren bleibst du fest und hart, wie ein Stein, wie ein Felsblock. Du bleibst der Macher, und der Körper gehorcht dir einfach nur. Es geht aber nicht um den Körper – es geht um *dich*.

Wenn ich sage »Schüttle dich«, dann meine ich damit, dass dein hartes, versteinertes Selbst bis auf den Grund durchgeschüttelt werden muss, damit es flüssig und fließend wird, damit es schmilzt und strömt. Und wenn dein erstarrtes Wesen zu fließen beginnt, wird der Körper folgen. Dann gibt es niemanden mehr, der sich schüttelt, sondern nur noch das Schütteln. Dann gibt es niemanden mehr, der es macht, sondern es geschieht einfach. Es ist kein Macher mehr da.

Nadabrahma-Meditation

Nadabrahma ist eine Summ-Meditation – durch Summen und bestimmte Bewegungen der Hände können widerstreitende Anteile in dir in Einklang gebracht werden, so dass Harmonie in deinem gesamten Wesen entsteht. Sobald Körper und Geist eine vollkommene Einheit sind, kannst du dich aus ihrem Zugriff befreien und einfach zum Zeugen für beide werden. Dieses Beobachten von außen schenkt dir Frieden, Stille und Glückseligkeit.

Diese Meditation sollte zu der speziell dafür produzierten Musik (OSHO Nadabrahma Meditation) gemacht werden, die die verschiedenen Phasen kenntlich macht und energetisch unterstützt. Weitere Informationen dazu im Anhang.

Anleitung

Die Meditation dauert eine Stunde und hat drei Phasen. Die Augen bleiben dabei die ganze Zeit über geschlossen.

Erste Phase: 30 Minuten

Sitze in einer entspannten Haltung mit geschlossenen Augen und geschlossenem Mund. Beginne zu summen, und zwar so laut, dass jemand in deiner Nähe es hören könnte, und lass eine Vibration im ganzen Körper entstehen. Du kannst dir dabei eine Röhre oder ein leeres Gefäß vorstellen, die von den Schwingungen des Summens erfüllt sind. Es wird ein Punkt kommen, an dem das Summen wie von selbst geschieht und du zum Lauschenden wirst. Es gibt keine spezielle Atemtechnik, und du kannst die Tonlage jederzeit verändern oder deinen Körper langsam und sanft dazu bewegen, wenn dir danach zumute ist.

Zweite Phase: 15 Minuten

Die zweite Phase ist in zwei Abschnitte von jeweils siebeneinhalb Minuten unterteilt. In der ersten Hälfte führst du die Hände, mit den Handflächen nach oben, in einer kreisförmigen Bewegung vom Körper weg nach außen. Beginne beim Bauchnabel, bewege beide Hände nach vorn und führe sie dann auseinander, so dass sie nach links und rechts jeweils zwei große Kreise bilden. Die Bewegung sollte so langsam sein, dass es fast so scheint, als gäbe es überhaupt keine Bewegung. Stell dir dabei vor, dass du deine Energie ins Universum abgibst.

Sobald die Musik nach siebeneinhalb Minuten wechselt, drehe die Hände um, so dass die Handflächen nach unten weisen, und bewege sie nun in entgegengesetzter Richtung. Die Hände kommen jetzt vor dem Nabel zusammen und verlaufen von hier aus an den Körperseiten vorbei nach außen. Stell dir dabei vor, dass du Energie aufnimmst. Wie in der ersten Phase kannst du dabei leichte Körperbewegungen zulassen.

Dritte Phase: 15 Minuten
Lass alle Bewegungen zur Ruhe kommen und bleibe einfach entspannt sitzen.

Nadabrahma-Meditation für Paare

Es gibt eine Variante dieser Meditation speziell für Paare. Wenn beide Partner gemeinsam summen, entsteht dadurch immer mehr Harmonie zwischen ihnen, bis sie sich intuitiv auf derselben Wellenlänge finden.

Anleitung

Beide Partner sitzen sich gegenüber und halten sich über Kreuz an den Händen. Am besten ist es, dabei keine Kleidung zu tragen, sondern nur ein leichtes Tuch zu verwenden. Schmückt den Raum mit vier brennenden Kerzen und zündet Räucherwerk an, das speziell für diese Meditation reserviert ist.

Schließt die Augen und summt gemeinsam 30 Minuten lang. Nach einer Weile werdet ihr spüren, wie eure Energien sich begegnen, miteinander verschmelzen und sich vereinigen.

Wenn diese Meditation richtig gemacht wird, dann wird der gesamte Körper nach einiger Zeit zu vibrieren beginnen. Wenn der Körper zu vibrieren beginnt und selbst der Verstand nur noch Summen ist, entsteht Einklang – eine vollkommene Harmonie, wie sie sonst bei einem Paar selten auftritt.

Lasst bei der Nadabrahma-Meditation Körper und Geist eine vollkommene Einheit bilden, doch denkt gleichzeitig daran, Beobachter zu bleiben. Zieht euch leicht und leise durch die Hintertür zurück, ohne gegen sie anzukämpfen, und werdet zu Zeugen.

Nataraj-Meditation

Nataraj ist die Energie des Tanzes, und dies ist totales Tanzen als Meditation. Alle innere Spaltung löst sich auf, und es bleibt nur eine subtile, entspannte Bewusstheit übrig.

Für diese Meditation sollte die speziell dafür produzierte Musik (OSHO Nataraj Meditation) verwendet werden, die die einzelnen Phasen kenntlich macht und energetisch unterstützt. Weitere Informationen dazu im Anhang.

Anleitung
Die Meditation hat drei Phasen und dauert 65 Minuten.

Erste Phase: 40 Minuten
Tanze mit geschlossenen Augen, wie besessen. Lass dein Unbewusstes vollkommen von dir Besitz ergreifen. Kontrolliere deine Bewegungen nicht und sei auch kein unbeteiligter Zeuge des Geschehens. Gehe total im Tanzen auf.

Zweite Phase: 20 Minuten
Lege dich hin, lass die Augen dabei geschlossen. Sei ruhig und still.

Dritte Phase: 5 Minuten
Tanze, feiere und genieße den Tanz.

Wenn du tanzt, dann sei das *Tanzen*, nicht der Tänzer, und es wird ein Augenblick kommen, in dem du einfach nur noch Bewegung bist, in dem es keine Trennung mehr gibt. Diese ungeteilte Bewusstheit ist Meditation.

Nachwort

Fang an, dich in deinem Alltag in Bewusstheit zu üben, und bleib entspannt, während du deine alltäglichen Aufgaben verrichtest. Wozu braucht es dabei Anspannung? Wozu solltest du angespannt sein, wenn du den Boden putzt? Wozu braucht es Anspannung, wenn du kochst? Es gibt überhaupt nichts im Leben, wofür Anspannung nötig wäre. Die Anspannung ist nur auf eure Unbewusstheit und eure Ungeduld zurückzuführen.

Ich habe schon in allen möglichen Umständen gelebt, mit allen möglichen Leuten. Und ich habe mich immer gewundert – warum sind alle so angespannt?

Es scheint, dass diese Anspannung nichts mit äußeren Gründen zu tun hat. Sie hat etwas mit eurem Inneren zu tun. Natürlich findet ihr immer irgendeinen Grund im Außen, doch den braucht es nur, weil es idiotisch wirken würde, grundlos angespannt zu sein. Es ist eine Rechtfertigung. Ihr findet immer irgendeinen Grund im Außen, um zu erklären, warum ihr angespannt seid.

Doch die Anspannung entsteht nicht durch äußere Gründe, sie entsteht durch euren falschen Lebensstil. Ihr lebt im Wettstreit – das führt natürlich zu Anspannung. Ihr lebt im ständigen Vergleichen – das führt zu Anspannung. Ihr denkt immer entweder an die Vergangenheit oder an die Zukunft, und ihr verpasst darüber die Gegenwart, die die einzige Realität ist – das führt zu Anspannung.

Es ist einfach nur eine Frage des Verstehens. Es gibt keinen Grund, warum du mit irgendjemandem im Wettstreit liegen solltest. Du bist du selbst, und so, wie du bist, bist du vollkommen.

Akzeptiere dich selbst.

Das ist die Art und Weise, wie das Leben dich haben möchte. Manche Bäume sind größer, andere sind kleiner. Doch die kleineren Bäume sind deshalb nicht angespannt; und die größeren Bäume haben deswegen kein größeres Ego. Das Leben braucht Vielfalt. Jemand anderer ist stärker als du; wieder jemand anderer ist intelligenter als du – doch in irgendeiner Hinsicht bist du es, der talentierter ist als alle anderen.

Finde einfach dein eigenes Talent. Die Natur erschafft keinen einzigen Menschen ohne irgendeine ganz spezielle Gabe. Du musst einfach nur ein bisschen danach suchen. Vielleicht kannst du besser Flöte spielen, als der Präsident deines Landes in seiner Rolle als Präsident ist – du bist besser als Flötenspieler als er als Präsident.

Es geht nicht ums Vergleichen. Vergleichen führt die Menschen in die Irre. Konkurrenz führt dazu, dass sie ständig angespannt sind, und weil ihr Leben leer ist, leben sie niemals im Augenblick. Sie denken immer nur an die Vergangenheit, die nicht mehr ist, oder an die Zukunft, die noch nicht ist.

Das Ganze treibt die Menschen beinahe in den Wahnsinn. Doch es gibt eigentlich keinen Grund dafür: Kein Tier wird wahnsinnig, kein Baum braucht Psychoanalyse. Die gesamte Existenz ist ein beständiges Feiern, nur der Mensch ist davon ausgenommen. Die Menschen sitzen abseits, sind angespannt und machen sich Sorgen.

So ein kurzes Leben, und ihr vergeudet es, und jeden Tag kommt der Tod näher. Das erzeugt noch mehr Angst: »Der Tod rückt näher, und ich habe noch gar nicht angefangen zu leben.« Die meisten Menschen realisieren erst im Sterben, dass sie lebendig waren – doch dann ist es zu spät.

Lebe also den Augenblick.

Und welche Qualitäten und Talente du auch hast, nutze sie vollständig.

Ein indischer Mystiker, Kabir, war ein Weber. Er hatte tausende von Anhängern, und doch arbeitete er weiter als Weber. Selbst Könige zählten zu seinen Anhängern. Der König von Varanasi sagte einmal zu ihm: »Meister, das wirkt nicht gut, das beschämt mich. Ich kann für dich sorgen. Du brauchst keine Stoffe zu weben und jede Woche zum Markt zu gehen, um die Stoffe dort zu verkaufen. Denk doch auch einmal an mich! Die Leute denken, ich kümmere mich nicht um dich.«

Kabir antwortete ihm: »Ich verstehe dein Problem, doch ich habe eben dieses eine Talent, und das besteht darin, wundervolle Stoffe zu weben. Wenn ich aufhöre, es zu tun, wer soll es dann machen? Und jede Woche kommt Gott in unterschiedlicher Gestalt, mit unterschiedlichen Gesichtern zu mir, um auf dem Marktplatz Stoffe zu kaufen.«

Er pflegte zu all seinen Kunden zu sagen: »Mein Herr, geht sehr sorgfältig mit diesem Stoff um. Ich habe ihn nicht wie ein gewöhnlicher Weber gewoben – darin sind all meine Lieder und meine Seele eingewoben. Ich habe mein ganzes Sein in diesen Stoff gewoben. Seid also vorsichtig damit, gebraucht den Stoff mit Zärtlichkeit und Liebe, und denkt daran: Kabir hat diesen Stoff eigens für euch gewoben, mein Herr.« Das sagte er nicht nur zu manchen Leuten, er sagte es zu all seinen Kunden.

Das war sein Beitrag zum Ganzen. Er pflegte zu seinen Schülern zu sagen: »Was soll ich sonst tun? Ich tue mein Bestes: Ich kann weben, ich kann singen, ich kann tanzen, und ich bin unendlich zufrieden.«

Was immer du tust, wenn du innerlich zufrieden bist und das Gefühl hast, dass diese ganze Welt nichts anderes ist als die Manifestation des Göttlichen, dass wir Reisende sind auf dieser heiligen Erde, dass jeder, dem du begegnest, das Göttliche verkörpert … Wenn du spürst, dass es nichts anderes gibt – dass nur die Gesichter unterschiedlich sind, aber die innere Realität immer dieselbe ist –, dann werden all deine inneren Spannungen verschwinden. Und die Energie, die in diesen Spannungen enthalten war, wird zu Anmut werden, wird zu Schönheit werden.

Dann wird das Leben nicht einfach nur ein gewöhnliches, routinemäßiges, alltägliches Dasein sein, sondern ein Tanz von der Wiege bis zur Bahre. Und die Welt wird durch deine Anmut, durch deine Entspanntheit, durch deine Stille, durch deine Bewusstheit enorm bereichert. Du wirst die Welt nicht verlassen, ohne etwas Wertvolles beigetragen zu haben.

Doch die Menschen schielen immer auf die anderen, darauf, was die anderen machen – jemand spielt

Flöte, und du kannst das nicht, und sofort fühlst du dich elend; jemand malt, und du kannst das nicht, und schon fühlst du dich elend.

Was immer du tust, tu es mit so viel Liebe, mit so viel Sorgfalt, dass auch das Geringste zu einem Kunstwerk wird. Das wird dir enorme Freude schenken. Und dadurch wird eine Welt ohne Wettbewerb, ohne Vergleiche entstehen. Dadurch wird allen Menschen ihre Würde zurückgegeben, dadurch wird ihnen ihr Stolz zurückgegeben.

Jede Handlung, die mit vollkommener Hingabe geschieht, wird zu einem Gebet.

ANHANG

Literatur und Quellen

Weblinks

Die in diesem Buch erwähnte Meditationsmusik sowie weiteres Material sind bei verschiedenen Verlagen und Händlern weltweit erhältlich. Hinweise dazu finden sich unter osho.com/shop. Weitere hilfreiche Links sind osho.com/allaboutosho und imeditate.osho.com.

Osho Aktive Meditationen

Die Musik für Osho Aktive Meditationen wurde größtenteils nach seiner direkten Weisung komponiert, mit der Auflage, sie nach der Fertigstellung nicht mehr zu verändern. Für jede Meditation wurde

die Musik jeweils ganz speziell komponiert und zusammengestellt.

Audio- und Video-Anleitungen für die Aktiven
Meditationen sowie für weitere Osho-Meditationen
finden sich unter osho.com/meditation sowie unter
imeditate.osho.com. Unter imeditate.com gibt es
auch die Möglichkeit, von zu Hause aus an Live-
Meditationen teilzunehmen.

Oshos Vorträge

Fast alle der unter talks.com veröffentlichten Vor-
tragsreihen sind auch in Buchform erhältlich. Jeder
einzelne Vortrag ist als Audioaufnahme erhältlich,
ausgewählte Vorträge sind auch als Videos verfüg-
bar.

Buchempfehlungen

Bücher von Osho sind in über 50 Sprachen erhältlich. Hier folgen einige auch auf Deutsch erschiene-
ne Titel, die sich speziell mit dem Thema Meditation
befassen und als weiterführende Literatur geeignet
sind.

Das Blaue Meditationsbuch

Enthält praktische Schritt-für-Schritt-Anleitungen
zu vielen verschiedenen Meditationstechniken, die
von Osho empfohlen oder entwickelt wurden, unter
anderem auch zu den einzigartigen Aktiven Meditationen, die auf die spezifischen Bedürfnisse des modernen Menschen abgestimmt sind.

Das Buch der Geheimnisse:
112 Meditations-Techniken zur Entdeckung
der inneren Wahrheit

Beschreibt jede der Methoden in unterschiedlichen
Facetten. Osho empfiehlt, eine Technik, zu der man
sich hingezogen fühlt, drei Tage lang auszuprobieren
und damit zu spielen. Wenn sie passt, sollte man sie
drei Monate lang regelmäßig praktizieren.

Was kann ich tun?
101 einfache Methoden, um Stress und emotionale Probleme zu lindern

Eine Sammlung von Bewusstheits- und Meditationstechniken, zusammengestellt aus Oshos Antworten auf Fragen von Menschen aus aller Welt. Mit Meditationen, Atemübungen, Visualisierungen, Chants und vielen weiteren Anregungen.

Meditation als Chance: Die Kunst, sich von der Last unnötiger Gedanken zu lösen

Der Verstand, sagt Osho, besitzt ein enorm kreatives Potenzial zur Lösung aller Herausforderungen des täglichen Lebens. Wenn es nur einen Schalter geben würde, um ihn zwischendurch einfach mal auszuschalten und ruhen zu lassen! Diesen Schalter zu finden, der den Verstand zur Ruhe bringt, durch Verstehen, Beobachten und einen gesunden Sinn für Humor – das ist Meditation.

NOTIZEN

NOTIZEN

NOTIZEN